大清後宮的神祕日常

戲說歷史不如正說歷史，
清史專家從皇帝私生活紀錄、名臣、
后妃、宦官目睹口述，解密歷史的最核心處

清東陵博物館副館長、著名清史專家 李寅／著

CONTENTS

第2章

皇帝解決民生問題，哪些方式值得學習

第3章

腦袋是有洞還是有動，就看玩樂的心思

CONTENTS

第4章

江山多嬌，人人競折腰。我寫歷史，你們等著瞧

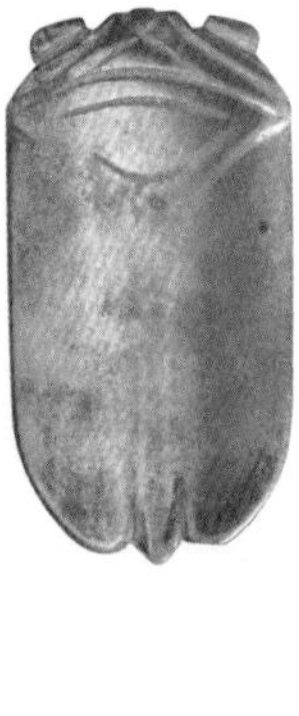

▶ 乾隆帝的壓舌玉蟬。

推薦序一

把戲劇人物還原給歷史，在已知中獲得讀史的樂趣

歷史專欄作家／余遠炫

大清帝國雖然是中國專制時期最後一個王朝，但這個王朝卻相當引人注意。它是東北關外女真族建立的政權，在明朝末年的亂世變局中，因吳三桂開啟山海關，引清兵入關，原本是要藉此收拾闖王李自成的部眾，最後卻反而占據中原，成為國主。

在中國歷史上，不是沒有少數民族統一中國的例子，除了北魏之外，大致上立國時間都不太長，但大清立國到滅亡卻長達二百八十六年，從十七世紀中至二十世紀初，融合了滿、漢之間的文化，創造了不一樣的中國。這個時期的中國人，頭頂上得留著女真族特有薙（音同「替」）髮，留著長長的辮子。滿人把薙髮當成政治符號，不剃頭就砍頭，在剃頭刀與鬼頭刀的選擇下，大多數的漢人只得接受這外來文化。但除了頭髮外，帝國的統治者

卻喜愛漢文化，學習漢文、酷愛書法，在藝術認知上有極高的修養。

現在的影視、戲劇與小說，會喜歡清代的題材，大概是因為清朝時代畢竟距離我們不太遠，較為熟悉。帝王后妃的傳奇故事，聽來總是生動有趣。皇太極與海藍珠、孝莊與多爾袞、順治與董鄂妃、康熙與赫舍里皇后、雍正與華妃（年妃）以及他的嬛嬛（鈕祜（音同「戶」）祿氏），甚至光緒帝與珍妃之間的感情，跌宕起伏，有時蕩氣迴腸，有時令人擲管長嘆，更令人好奇的想去了解，皇帝與他的後宮妃嬪之間，到底過著什麼樣的生活？

我們對於未知的東西，總是感到神祕有趣，而且充滿各式各樣的想像。皇宮裡的實際生活與皇宮外的口頭傳說，或許不盡相同，卻讓人說得口沫橫飛。其實「正說」歷史，並不會比「戲說」歷史遜色，把戲劇人物還原給歷史，依然令人直呼暢快。這本《大清後宮的神祕日常》就是讀來暢快的作品，把清宮戲劇裡談到的人事物爬梳整理，然後放進歷史裡還原面目，讓我們看得更清楚。這是一本「細說」戲劇與歷史的好書，讓未知成為已知，而在已知中獲得讀史的樂趣。

讀歷史總有獨立蒼茫的慨嘆，對國家興亡、人物悲歡與命運轉折有著不同的想法，但不管如何，我相信開卷有益，慢慢的把文字讀進去，你會驚奇的發現，世界與視野變得不一樣了。現在請你開始閱讀《大清後宮的神祕日常》。

推薦序二

非真非假又亦真亦假的深宮生活

歷史作家／陳啟鵬

在歷史劇中，我們不乏看到帝后之間情愛糾葛、嬪妃之間勾心鬥角，精彩之餘，常有人問我：「陳老師，這些宮鬥戲演的是真還是假？」我總是這麼告訴他們：「不是真的，也不是假的。」不過這麼說，反而讓提問的人更迷惑了，他們的反應都是第一時間張大了眼睛、錯愕的看著我，但我這麼說不是打迷糊仗，而是有含義的。

為什麼不是真的呢？那是戲劇，除了因應情節需要誇張渲染之外，還會把焦點放在某個帝后身上，如此一來不是行為被放大檢視，就是動機被過度解讀。為什麼不是假的呢？那是因為這些帝后也是人，為了掌權或爭寵，行為更需要戒慎恐懼，內心的惶恐與人性的掙扎，只怕比我們想像的多更多，於是，罪證昭彰的背後是否其情可憫？冠冕堂皇的背後是否作賊心虛？都不是單一宮鬥戲就能夠悉數交代。

舉例來說，歷史劇中的甄嬛，原型是乾隆母后、雍正帝妃鈕祜祿氏，然而，真正的甄嬛卻絕非像劇中那麼美。因為根據史書，鈕祜祿氏濃眉大眼、女人男相，康熙一見到這個媳婦，什麼話也說不出來，只能傻笑的勉強擠出一句：「有福之人，有福之人。」另外，甄嬛也不像劇中那樣聰明伶俐，能與其他后妃鬥得不亦樂乎，反而是一生不爭不搶，才得到雍正的專寵。

於是，衍生在宮鬥戲外，鈕祜祿氏究竟是否為乾隆的生母？其身分是否真是漢人？無才無貌的她如何穩居大位？這些謎團，都不是情節繞著情愛或詭計的戲劇所能盡訴，但如果我們能從記錄清宮生活的檔案來找線索，就可以明白，康熙第一時間見到媳婦的評語、雍正堅持親自為她壓舌（編按：古代葬禮的儀式之一，為祈求故人安息）的專寵，以及乾隆帶太后旅遊的至孝，都已經給這些謎團相當程度的解釋。即使官方記載完全不是那麼回事，我們依舊能從平居（平時閒居在家）的應對進退之間，看到諱莫如深的真相。

在這本書中，不把焦點放在某位帝后的一生，而是別開生面的把不同時期、不同帝王不謀而合的經歷，拿來比對剖析，於是同樣是受寵晉升，有些嬪妃是靠色藝爭取，有些則是靠兒子翻身；同樣是下旨廢后，有些是帝王抗拒太后的操控，也有些是后妃的言行觸怒龍顏。藉由這本書揭露的清宮生活，我們很容易便能一窺清宮禁制的神祕面紗，像是透過皇家的飲宴規矩，能看出三宮六院的難言之隱；而面對帝后的喜怒無常，也能透過言行紀錄看出人心幽微。

康熙曾有句名言：「凡看書不為書所愚，始善。」這句話同樣適用於戲劇中。期待各位藉由本書呈現的清宮神祕日常，一探從事到人難言的千迴百折，如此便能對真實存在過的深宮內苑了然於心，能看劇而不為劇所愚。

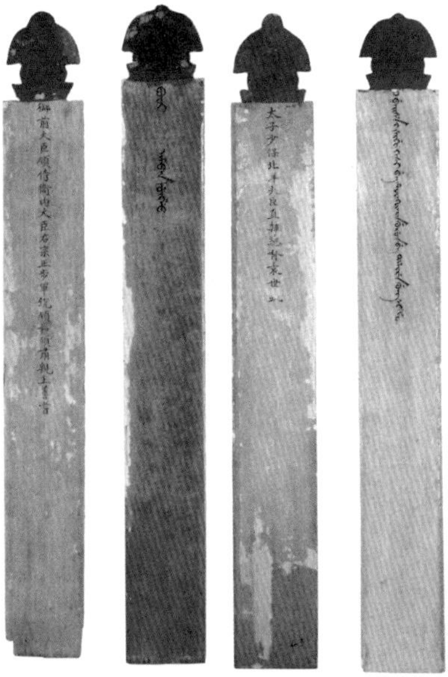

▲ 綠頭牌、紅頭牌。皇帝選妃侍寢時用。

推薦序三

永壽宮收到的一份大禮

暢銷書人氣作家／螺螄拜恩

今日適逢永壽宮的熹貴妃壽宴，倚當今皇帝聖寵，這用膳排場可不小，銀鑲紅彩漆碗盛菜包鴿松、銅製嵌琺瑯淺碗盛桂花芸豆卷、彩色小瓷盆佐以盛開的鮮花似的蜂蜜玫瑰餅，流水般的一直送上來，旁人瞧得垂涎三尺，其實這些不過是些貴妃素日喜嘗的小食罷了。

宮裡宮外張燈結綵，處處皆戲臺，戲目無非《萬壽長生》、《福壽雙喜》、《四海昇平》等，不僅宮內戲班子輪番登臺，京城內赫赫有名的「同春班」、「慶春班」等應有盡有，名角如楊小樓、譚鑫培等自不敢錯過。各班達官貴人，莫不費盡心思為貴妃做壽，吃的有五芝地仙金髓丹，擦的有朱脣一點桃花殷，戴的有碧璽寶石絹花鈿子，穿的有鑲東珠水藍蜀錦旗袍裙。

身為後宮之主、貴妃之尊，熹貴妃想什麼有什麼，想不到什麼也有什麼，但東西得要入了她的眼，賀禮斷斷不是樣樣收下的。金銀珠寶貴妃素日裡看慣了，瞧她百無聊賴，眼裡起了乏色，最得寵的太監小跪子未待貴妃使喚，立馬自懷中抽出一本奇書，上面寫了大大幾個字《大清後宮的神祕日常》。小跪子呈上書籍：「奴才日前買橋頭肉包時，遇一古怪之物，自稱螺螄拜恩，三番兩次踢去藍白拖，命奴才拾起，後逼奴才付帳，並贈予一書，極言此書非同一般，得此書可知帝王之事。」

貴妃瞧著稀奇，嘖嘖嘆道：「竟有此事，待本宮瞧瞧。」

貴妃一讀之下，才知悉《大清後宮的神祕日常》為著名清史專家李寅所著，從三宮六院、皇帝的深宮生活，及后宮爭鬥、宮廷祕聞等無一不談。內容雖有些甘冒大不諱之嫌，然貴妃久居宮中，難得見如此有趣之物，讀到興起，貴妃兩手拍了一下，笑了一聲：「噫！好了！我中了！」說著，往後一跤跌倒，牙關咬緊、不醒人事。

小跪子慌了，連忙同其他宮女將貴妃扶起，拿了九龍玉杯，幾口玉泉酒灌了過來。貴妃爬將起來，又拍著手大笑道：「此等好書，本宮平生素未見過！引經據典談清宮之趣，求本溯源的聊帝后之祕，以正史為本穿插野史逸聞，上可論皇家繁文縟節，下可寫慈禧出恭（編按：明代考試設有出恭入敬牌，士子如廁通便，須先領牌，故稱）入浴。」

說著，熹貴妃喚出貼身宮女流朱：「賞小跪子三百兩黃金，少那一百兩是本宮不滿書中言甄嬛方盤大臉，不知怎的，本宮略感不快。」貴妃一面說著，一面拿著宮女呈上的美容太平車，在臉上穴位來回滾動，而眾奴僕紛紛掩嘴，笑而不答。

前言
從正能量窺視後宮生活

說來奇怪，以清宮為題材的電視劇總是高燒不退。早年，有大紅的《還珠格格》；前幾年，有大家熟悉的《後宮甄嬛傳》。觀眾對劇中的情節和人物興致尚未減退，不久又將推出《如懿傳》（《甄嬛傳》的續集）。透過這些內容可以了解清代歷史，尤其是宮廷史，相信一股學習和討論清代宮廷歷史的熱潮，又會洶湧而至。

眾人對清宮劇仍然趨之若鶩，我感到很詫異，**清宮史憑什麼值得如此關注？**我思考了一下，應該是它的神祕和隱晦。

神祕——皇帝怎麼幸宮、后妃如何生育、主子們吃喝拉撒的各種情節、發生在後宮中驚心動魄的故事等，都太神祕了，這些內容便成為人們關注的焦點。

隱晦——深不可測的宮闈祕事，吸引著人們。深宮之中，發生在那些主角身上的每一件事，都是神祕的，**文史資料中往往看不到最關鍵的事**。舉個例子，麝香本是民間常見的藥材，由於它的墮胎功能，而受到關注；更由於它發生在宮中女主身上，而顯得倍加隱晦。

大家很關心且百思不得其解的是，這麼危險的麝香真如電視劇所演，在宮中氾濫成災？麝香如何有這麼大功效，讓妃嬪們紛紛墮胎？越想不明白，越想要解開其中的謎團。迷霧一層層不斷縈繞，結果隱晦成了噱頭，成為人們競相追逐的目標，登上了大螢幕。

有宮鬥的噱頭。幾十集的清宮劇劇情沒有別的，人們看到的都是宮鬥。今天你整我，明天我整你；今天甲妃被打入冷宮，明天乙嬪得到寵幸、提拔，故事情節此起彼伏，激盪後宮。其中，**人物的曲折命運**深深吸引人們爭相圍觀。

還有權勢的噱頭，其實就是指帝王的專制權勢。不論罷免官員或殺伐對手和敵人，帝王的權威讓人震撼不已。可是，帝王在深宮之中也像在外朝一樣，鐵面無情、充滿血腥嗎？一般的文史紀錄中找不到，卻給了電視劇一個發揮的空間。

其實甄嬛也好，如懿也罷，這些角色不過是作家虛構的形象而已。換言之，即使有其原型，也不過是清代幾百年後宮中的滄海一粟。她們人生中的是是非非——動人的故事、令人生羨的消費方式、意想不到的文玩雅好，都被塑造得動人心弦。

說到這裡，我突然發現**大家關注的，其實都是深宮中的「陰暗面」**。

- **出軌**——甄嬛與果郡王的紅杏出牆，讓人玩味不已，實際上，這個故事有其原型，是清初孝莊「太后下嫁」故事的翻版。
- **一丈紅**——就是廷杖之刑，華妃用一丈紅暴打夏冬青，致其殘疾。實際上是乾隆四十三年，惇妃杖斃宮女故事的翻版；光緒二十年，慈禧杖打珍妃的故事也記錄在案。

• **巫術**——安陵容施用巫術詛咒華妃。查閱史料，**清宮歷史上，有兩次使用巫術的事件**：一次是萬曆年間，努爾哈赤長子褚英用巫術詛咒父汗出征失敗；一次是康熙年間，皇長子胤禔詛咒皇太子胤礽，致使他首度被廢。

凡此種種，《甄嬛傳》中表達的都是這些。**這不是歷史的正面內容**，套用今天的流行語，它不是「正能量」，最關鍵的是其中有很多，與歷史不相符的地方。所以，有必要匡正人們對大清後宮的認識，把正確的知識、擁有正能量的知識傳遞給廣大讀者。那麼，這些**「正能量」的東西會在哪裡**？

一、在資料中：清宮的資料浩如浩瀚大海，這是研究清宮史的優勢。一直以來，我依據這些檔案，釐清了很多問題，這一點令我感觸頗深。早年，我曾到中國第一歷史檔案館查閱。皇帝的朱批奏摺、名臣的奏章文牘，都讓我眼前一亮。

二、在文物中：文物承載許多的歷史資訊，傳承了人類的文明。我們從那些寶物中，或許看到清宮主人生前的點滴。例如，慈禧創作的《一筆龍》和《羅浮真影》，這兩件慈禧文墨真跡，可以看出霸道的慈禧也有個性細膩的一面。

三、在建築中：說到這一點，也難怪故宮的參觀者那麼多，摩肩接踵、川流不息。人們都睜大眼睛，觀摩高大殿宇中的豪華建設，暢想著、還原著帝王后妃們神祕的生活方式。另外，或許這些資訊還蘊藏在尚未發掘的明器（殉葬品）中。

本書就是在這些資訊中極盡搜索，力圖用通俗耐看的筆法，描述出清宮的正面與側面，還原歷史，也匡正謬誤。倘能如此，則不勝欣慰。

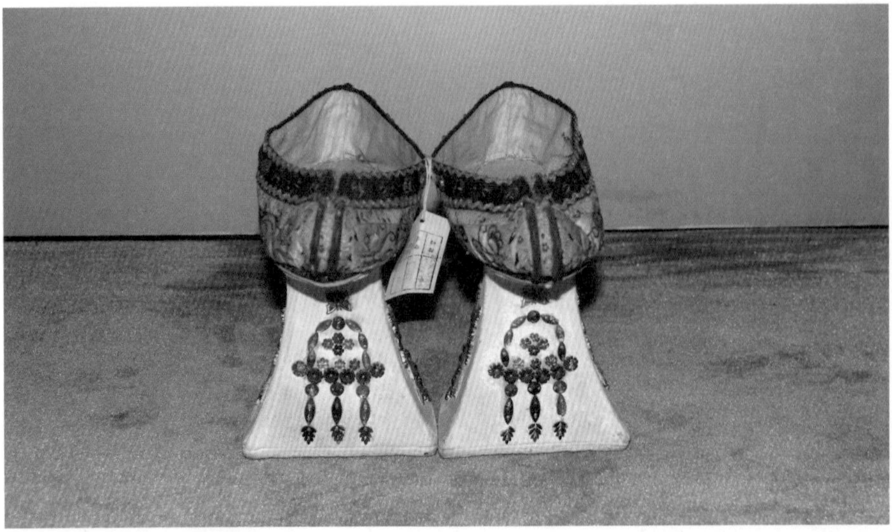

▲ 滿州貴族女眷穿的花盆底鞋，鞋跟高達三寸以上。

清朝歷代皇帝列表

入關前的皇帝

廟號	年號	名諱	后妃
清太祖	天命	愛新覺羅・努爾哈赤	• 孝慈高皇后（皇太極生母） • 元妃，佟佳氏（褚英、代善生母）
清太宗	天聰、崇德	愛新覺羅・皇太極	• 孝莊文皇后（莊妃，順治帝生母） • 康惠淑妃，博爾濟吉特氏 • 宸妃

入關後的皇帝

廟號	年號	名諱	后妃
清世祖	順治	愛新覺羅・福臨	• 第一任皇后額爾德尼奔巴，博爾濟吉特氏（後來被廢后降為靜妃） • 第二任皇后孝惠章皇后，博爾濟吉特氏 • 孝康章皇后（康妃，康熙帝生母） • 孝獻皇后（董鄂妃）

廟號	年號	名諱	后妃
清聖祖	康熙	愛新覺羅．玄燁	●孝誠仁皇后，赫舍里氏（輔臣索尼之孫女，胤礽生母） ●孝昭仁皇后，鈕祜祿氏（輔臣遏必隆之女） ●孝恭仁皇后，烏雅氏（德妃，雍正帝、皇十四子胤禵生母） ●榮妃，馬佳氏（皇三子胤祉生母） ●宜妃，郭絡羅氏（皇五子胤祺、皇九子胤禟、皇十一子胤禌生母） ●良妃，衛氏（皇八子胤禩生母） ●惠妃，那拉氏 ●敏妃，章佳氏（八公主生母）
清世宗	雍正	愛新覺羅．胤禛	●孝敬憲皇后，烏喇那拉氏（侍衛內大臣費揚古的女兒） ●孝聖憲皇后，鈕祜祿氏（熹貴妃，乾隆帝生母，《後宮甄嬛傳》中甄嬛的歷史原型） ●敦肅皇貴妃，年氏
清高宗	乾隆	愛新覺羅．弘曆	●孝賢純皇后（永璉生母） ●烏喇那拉皇后（繼皇后） ●孝儀純皇后，魏佳氏（令妃，嘉慶帝生母） ●惇妃

清朝歷代皇帝列表

清仁宗	嘉慶	愛新覺羅・永琰（→顒〔音同「嫆」〕琰）	・孝淑睿皇后，喜塔臘氏（道光帝生母）
清宣宗	道光	愛新覺羅・綿寧（→旻寧）	・孝穆成皇后，鈕祜祿氏 ・孝慎成皇后，佟佳氏 ・孝靜成皇后，靜貴妃 ・孝全成皇后（咸豐帝生母）
清文宗	咸豐	愛新覺羅・奕詝（音同「主」）	・孝貞顯皇后（慈安太后） ・孝欽顯皇后（慈禧太后，同治帝生母）
清穆宗	同治	愛新覺羅・載淳	・孝哲毅皇后，阿魯特氏
清德宗	光緒	愛新覺羅・載湉	・孝定景皇后，慈禧太后姪女 ・恪順皇貴妃，珍妃 （註：光緒為醇賢親王奕譞次子以及道光帝之孫，以三歲沖齡過繼給咸豐帝。）
	宣統	愛新覺羅・溥儀	・淑妃文繡 ・皇后婉容 （註：宣統父親是醇親王載灃，即光緒帝之弟。）

＊因清朝皇帝歷代后妃眾多，本表格僅列出部分人物。

第1章

走進皇帝的婚姻，觀察到歷史最核心

1

爺孫配有神聖目的，只怕對不起列祖列宗

要先特別解釋，並不是清宮中所有皇子的婚姻，都稱「大婚」，包括皇帝在內，只有即位後，在紫禁城內舉行婚禮的皇帝婚姻，才被稱為大婚，即位前就已經婚配的只能稱為結婚。所以，清朝真正舉行大婚典禮的帝王只有順治帝、康熙帝、同治帝、光緒帝。至於宣統帝就很勉強，因為他大婚時，清朝已經滅亡了。

帝王的生育最重要，因為他們的生育被賦予一些特殊的意義，即從諸子中選擇最優秀者作為儲君。從這個角度來看，帝王的三宮六院、后妃成群就**不是好色，而是為了國家利益**，顯得「很神聖」。清朝的皇帝把天底下的女人都視為私有財產，進宮的女人，肩負起重要的使命——為皇帝生兒育女。

「選秀女」專指清朝皇帝選女人，他人不能隨意使用。所以，一提到「選秀女」，就知道是清朝皇帝在選女人、找老婆。挑選進宮的皇帝妻子分好幾等，由上至下分別是皇后、皇貴妃、貴妃、妃、嬪、貴人、常在、答應、官女子，共九等。

清宮選秀女，是順治帝發明的。順治十年，順治帝力排眾議，堅決廢掉中宮皇后博爾

濟吉特氏，這引起孝莊太后不滿，但順治帝順從自己的意願。然而，孝莊太后豈能甘心？所以干預順治帝選新的皇后。順治帝提出自己的意見：「應該在滿洲和蒙古兩個民族的官宦世家中，選擇優秀的女子。」就這樣，「選秀女」開始了，雖然選出來的皇后還是不如意，但不管怎麼說也是選出來的，而不是由某個人強行安排。

海選秀女——貴族製造機

按照順治帝的想法，選秀女就是自己找老婆。可是，經過歷代皇帝的發展，「自己找」並沒那麼簡單。

藉由戶部（按：中國古代官署名，類似今日的財政部與內政部）選擇的秀女有兩條出路。一是進宮，成為皇帝的老婆。對於那些即位後就成年並大婚的帝王，這種選秀女的目的非常明確，其中又分為兩種情況。

一種情況是皇帝作不了主的選秀女。順治帝之後的康熙帝、同治帝、光緒帝等，他們的大婚選秀女活動，完全操控在太后手中。康熙帝選秀女操控在孝莊太后手中，同治帝選秀女操控在慈安太后手中，光緒帝選秀女則完全操控在慈禧太后手中。也就是說，這些秀女的命運，操控在這些太后的手中。

例如，為康熙帝選進的秀女，誰當皇后、誰當妃子，皇帝說了不算，是由孝莊太后做最後的安排。孝莊太后根據政治形勢，安排索尼的孫女赫舍里氏為中宮皇后，而遏必隆的女兒則只能屈居其下（按：索尼和遏必隆為清朝的開國功臣、康熙帝的輔政大臣）；同治帝的幾位秀女中，慈安太后喜歡阿魯特氏，就由她當中宮皇后，其他幾位只能當妃嬪；光緒帝則由慈禧太后的喜好安排。不過，這些秀女的出路，也會隨時間的推移發生變化，康熙十三年孝誠皇后去世，康熙帝開始按照自己的意願安排，之後的孝昭皇后和孝懿皇后，都是他一人決定的。

另一種情況就是成年皇帝的選秀女，完全由皇帝自己作主。雖然制度規定每三年選一次秀女，由戶部主持。但皇帝需要多少妃嬪，並不是完全按照成憲規定，有時變化很大。康熙帝便遠多於規定的數量；雍正帝、嘉慶帝、同治帝、光緒帝就明顯不足規定的數目。

我想，這主要取決於兩個因素：第一，取決於皇帝貪好女色的程度。歷史記載，**康熙**

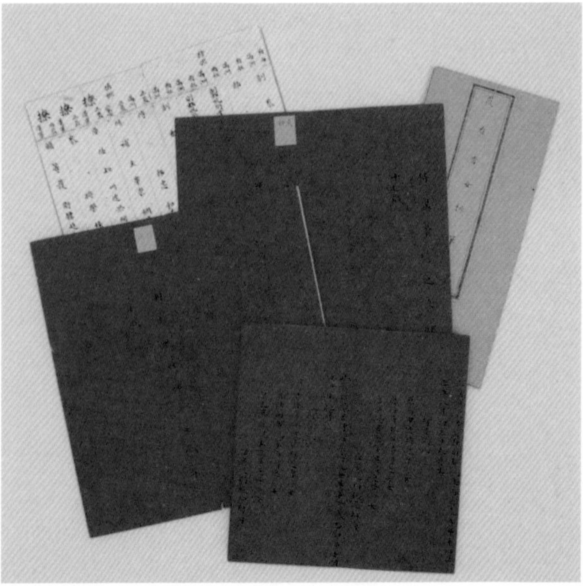

▲ 權貴女兒先列入皇帝禁臠——清代《記名秀女排單》，其中詳細記錄每名秀女的年齡和其父親、祖父、曾祖父的職位。

帝對女人有濃厚的興趣，在十一、二歲時，就有很多侍奉的女子懷孕，再不結婚就有傷君德，所以，在康熙帝十二歲時，孝莊太后就急急忙忙安排皇帝大婚。而雍正帝則完全相反，他無比勤政，幾乎無暇到後宮去，所以，後宮的女子相對較少。第二，**取決於皇帝的權力**，如果皇帝作不了主，事事聽命於別人，他的後宮妃嬪數量就會大受影響，像是同治帝和光緒帝，他們的女人甚至不如王公大臣多。當然，環境也會影響皇帝的妃嬪數量，咸豐帝雖然非常好色，但由於戰爭連綿而不敢過於奢靡。

二是進入王府，成為皇子、王爺們的女人。三年一度的**秀女大選，不可能只供皇帝選妃嬪，除此之外很重要的用途，是為皇子們選擇女人**。尤其是對那些五十歲以上的老皇帝來說。

我說明一下，對於皇子的女人，皇帝最關心的就是正妻，這要由皇帝親自指婚，其他的女人，皇帝一般聽之任之。以康熙帝的兩個皇子為例來說明。

皇太子胤礽。他的正妻是瓜爾佳氏，康熙帝經過精心考察，認為她最合適。很明顯，當時的太子妃就是將來的中宮皇后。康熙帝認為她至少兩點合格：第一，出身名門，她的父親石文炳是正白旗漢軍都統，一品大員；第二，素質很高，康熙帝親自調查後，認為她淑慎賢良、聰穎過人，完全符合標準。

皇八子胤禩（音同「撰」）。胤禩的正妻是郭絡羅氏，這個女人也是康熙帝親自選中。因為康熙帝喜歡胤禩的才能，對他寄有厚望，希望找一個賢妻輔佐他，於是選了郭絡羅氏作為胤禩的正妻。康熙帝看中郭絡羅氏的這些特點：第一，出身王室貴族之家，郭絡羅氏的外祖父是安親王岳樂，母親是郡主；第二，郭絡羅氏精明能幹，遠近聞名。

這就是清宮選秀女的兩條基本出路，一是進紫禁城，成為皇帝后妃；二是進王府，成為皇子們的女人。

孝莊一句口號，嚇得漢女不願進宮

誰不願意進宮成為皇帝、皇子的老婆呢？一旦進入皇宮，不僅有享不盡的榮華富貴，而且家屬可以沾光，所謂「一人得道，雞犬升天」。但令人不解的是，清朝的漢女不願進入皇宮，不想嫁給皇帝當老婆。這是為什麼？原來，清朝有個規定把她們嚇破了膽，即「漢女入宮者斬」。

漢女入宮也是當皇帝的老婆，為什麼要斬殺她們？原來這句話大有來頭。

一是源於清朝開國之初的婚姻政策——「滿蒙聯姻」，即滿族和蒙古族聯合建立姻親關係。努爾哈赤也好，皇太極也好，順治帝也好，他們的後宮有很多蒙古人。這主要是政治考量，讓滿洲和蒙古聯合，構成堅強的政治聯合體。軍事上也是一樣，軍事的聯合，就決定了婚姻上的聯合。最明顯的就是皇太極的婚姻，他最主要的幾位后妃，幾乎清一色是蒙古族，這是明顯的政治婚姻。

二是孝莊太后的主見。孝莊太后打算兒子順治帝大婚之時，一定要讓自己本家博爾濟吉特氏的女子入主中宮，將來生子接班，掌握大清朝的政治命運。所以，孝莊怕漢人女子進宮，會混淆他們純潔的民族血統，這是典型的血統論。**孝莊提出了「漢女入宮者斬」**的論調，並把這道懿旨掛在神武門上嚇唬人。

可是，孝莊的如意算盤打錯了，她的**兒孫並不遵守**她的這道懿旨，頂多表面上遵守。我們來看具體情況：

一、順治帝：順治帝喜歡漢女，我認為大致上有兩個因素：一是受漢文化的影響，喜歡漢女；相反的，他卻不喜歡母親安排的五位蒙古女子，基本上與這些蒙古女子分居，所以一個孩子都沒生。二是叛逆，故意反抗母親的安排。順治帝甚至想讓他的後宮充滿漢女，不過這是不可能的。儘管如此，他後宮的漢女並不少，像恪妃石氏，以及唐福晉唐氏、庶妃陳氏、庶妃楊氏等。這就完全違背了他母親的意願。

二、康熙帝：康熙帝不管是生命，還是帝位都是奶奶給的，所以，康熙帝最聽奶奶的話。可是奶奶去世後，尤其是康熙帝多次南巡後，他喜歡漢文化的那種文人情懷，就不時流露了出來。所以，在康熙帝的後宮之中，便湧進大批漢女：順懿密妃王氏，以及高氏、董氏、石氏、陳氏、李氏、袁氏、張氏、易氏、劉氏等，都是康熙帝南巡時帶回來的江南女子。而順懿密妃王氏最得寵，居然生育了三個皇子。

三、雍正帝：雍正帝的後宮中，有許多的漢族女子，像是齊妃李氏、謙妃劉氏、寧妃

▲ 神武門，宮中出入的重要門禁，清朝選秀女便是走神武門。只有皇后能走大清門，而且是在大婚那天。

▲乾隆帝漢裝像。

武氏、懋嬪宋氏、李貴人李氏等。這裡面，有一個人的身分不得不說，那就是大名鼎鼎的**甄嬛，也就是後來的孝聖憲皇后**。乾隆即位後，她的姓氏曾有變化：雍正朝，姓錢；乾隆即位，改為鈕祜祿氏。我想，如果她真的姓錢，那麼，這個甄嬛就一定不是滿族，而是漢族女子了。這個問題，民國年間清史專家王闓運專門考證過，認為**她是承德人錢氏**。

至於後來的乾隆帝、嘉慶帝、道光帝、咸豐帝等，他們對於漢女的興趣不但沒減，還更強烈——尤其是乾隆。乾隆帝風流倜儻，仿效爺爺康熙帝六下江南，他的後宮漢女為數不少。咸豐帝則不僅喜歡漢女，連漢女中的寡婦或妓女都敢染指，所以，他的身體能用四個字來概括——「面黃肌瘦」。後來，他的兒子同治帝即位，也學他出入花街柳巷，以致被那些漢族妓女毀掉了龍體。

所以，孝莊所謂的「漢女入宮者斬」，其實不過是嚇唬人的口號。

高官和貴族生的女兒，一律列管，一個不漏

清朝的皇帝在選秀女時，也會遇到很多意料之外的事件，以三個清朝皇帝為例，說說他們的處理方式。

先說乾隆帝。乾隆帝二十五歲即位，在位六十年，其後又當了三年四個月的太上皇。那麼，這個長壽皇帝在選秀女時，遇到意外事件是怎麼處理的？

一是理屈詞窮時瞎狡辯。關於選秀女，清朝明文規定，**八旗女子只要滿十四歲，就要參加三年一度的選秀女**（八旗不只滿人，蒙古、朝鮮、錫伯〔鮮卑〕、回、甚至越南人都可入旗）。同時也明確規定，那些生病、身體不合適的女子，尤其是有傳染病的女子，要等病好了再參加。這其中有一個問題，因為是三年一次選秀，如果錯過該次，到下一次時，就已經是十七歲以上。在那個時候就算「大齡女子」了。所以，一般女子只要到了選秀年齡，就趕緊參加，免得到下一屆的時候超齡。主要是家長擔心超過適婚年齡嫁人困難，於是乾隆六年就發生了這件事。

閩浙總督德沛和兩廣總督馬爾泰分別上書，要求雙方兒女成婚。主要是因為馬爾泰的女兒已經超過十七歲，可能是在選秀女時生病，所以沒有參加選秀，就想嫁給閩浙總督的兒子恒志。乾隆帝一看奏摺，勃然大怒，批駁馬爾泰說：「你女兒沒參加選秀就嫁人，你還有良心嗎？即使她超齡了嫁不掉，那也怨不得我，誰叫你不及時參加選秀女呢？」馬爾泰說：「當時有特殊情況，不然肯定不會錯過。」乾隆帝大怒道：「你不要再說了，趕緊來北京，我要當面訓斥你！」大家看，乾隆帝顯然理屈詞窮時還狡辯。

二是惱羞成怒就亂殺人。乾隆帝還有一件選秀女的尷尬事，乾隆四十三年，有個錦縣生員（秀才）金從善在乾隆帝東巡途中，攔住乾隆的轎子上書一封。裡面寫什麼呢？有兩點：其一，勸說為當年那拉皇后事件（乾隆下江南，皇后在杭州惹毛皇帝遭黜，一年後病死）下詔罪己；其二，建議大選秀女，從中選立一位優秀的女子做中宮皇后。這讓乾隆帝倍感尷尬，他說：「我都六十八歲了，年過花甲，還要選秀女、立皇后，這不讓人笑話嗎？」乾隆帝決定處置這個大膽的金從善，下令把金從善斬立決（斬首處決）。

「只顧自己快樂，對得起列祖列宗嗎？」

再說道光帝。道光帝三十九歲即位，在位三十年，六十九歲去世。道光帝在選秀女這個問題上最大的尷尬事，就是**他選擇一群比自己小幾十歲的孩子入宮為妃，因而非常難相**

處。我們先看看那些孩子都比道光帝小多少歲：孝全皇后小二十六歲，孝靜皇后小三十歲，莊順皇貴妃小四十歲，彤貴妃小三十五歲，佳貴妃小三十四歲，成貴妃小三十一歲，祥妃小二十六歲，常妃小二十六歲，順嬪小二十七歲，豫嬪小三十四歲，李貴人小四十五歲，那貴人小四十三歲等。

這些女孩子比道光帝小那麼多，有的甚至比他孫女還要小很多，這些人和道光帝相處尷尬，他們之間有代溝，怎麼能有共同語言？這也難怪道光帝經常和這些女孩子生悶氣，以至於她們都遭到道光帝的降級處分。

最後說咸豐帝。咸豐三年，咸豐帝如期大選秀女，發生了一件尷尬事。當時，秀女們都站在冷風中等待，可不知是什麼原因，咸豐帝就是不出來。有一個秀女等得不耐煩了，又餓、又渴、又冷，大聲說：「南京已經淪陷了，大清半壁江山已經淪陷，祖宗創業艱難，皇上在這國難當頭不做正事，反而大選秀女，**只顧自己快樂，對得起列祖列宗嗎？**」領班太監一聽這話嚇壞了，趕緊去捂她的嘴，怕被咸豐帝聽見挨打受罰。咸豐帝正好經過，尷尬之餘，咸豐帝非但沒處罰那女子，反而特意召見她，為她做周到的安排。

這三位帝王在選秀女這件事上，竟然留下這些讓人啼笑皆非的事件。

2 康熙一見甄嬛就笑出來，咸豐害全中國笑不出來

與普通人不同，皇帝的婚姻備受世人矚目。婚姻、家庭中一件看似平常的事，就會對帝王甚至對整個國家產生重要影響。所以，**走進皇帝的婚姻，就能觀察到最核心的歷史**。

前面提過，「大婚」專指皇帝結婚，但不是所有的皇帝結婚都是大婚。那些成年繼承皇位的帝王，**他們結婚時還不是帝王，就不能叫大婚**。例如，清朝入關之後的雍正帝，四十五歲即位，那時他已結婚多年；乾隆帝二十五歲即位，也結婚多年；嘉慶帝三十六歲即位，早就結婚了；道光帝三十九歲即位，也早已結婚等。他們結婚時只是皇子，所以只能叫做結婚。

單身皇帝大婚，太后不交權就免談

清朝稱得上「大婚」的帝王，一般來說，不算末代皇帝溥儀只有四位：順治帝、康熙

帝、同治帝、光緒帝。這四位帝王都是少年即位，**親政前大婚，以表示成年，可以乾綱獨斷**。照理來說，帝王的大婚，風光無限、天下皆知，肯定幸福得不得了。然而，這些帝王的婚姻卻都是以喜劇開始，最終以悲劇結束，就讓我們一一分析。

一、順治帝的悲劇大婚。順治帝六歲即位，到順治八年他十四歲時，他的母后孝莊開始為他安排大婚事宜。於是，他大舅的女兒博爾濟吉特氏從大清門進來，完成大婚，成為從大清門進來的第一位中宮皇后。但這個女人高高興興嫁的進來三年後，也就是順治十年八月，被順治帝極力廢掉，最終不堪凌辱，淒涼的回到娘家。

緊接著順治十一年六月，又一個博爾濟吉特氏（孝惠章皇后）從大清門進來，成為順治帝的第二位皇后。可悲的是，順治帝仍然非常不喜歡，認為這是一樁討厭的政治婚姻，不僅不和她同房，而且到順治十五年故技重演，企圖再度廢后。由於孝莊極力阻止，順治帝沒有成功，只收回了她的簽字權。從此之後，那個可憐的女人在冷宮中空守歲月，直到順治十八年正月初七，順治帝感染天花死去，整整守了七年活寡。孝莊死後，康熙變得對孝惠章非常孝順，康熙五十六年她才過世，算是苦盡甘來。

二、康熙帝的悲劇大婚。康熙帝八歲即位，康熙四年九月，剛十二歲就舉行大婚典禮，比他大一歲的赫舍里氏從大清門走進紫禁城，成為康熙帝的中宮皇后。可是，這段看似美滿的婚姻，卻發生了一系列的悲劇事件，而這些事件都和皇后的生育有關。

第一次悲劇是皇子承祜年僅五歲即夭亡，都還沒來得及序齒（依年齡的長幼排定先後次序），為此赫舍里氏曾一度臥病在床。第二次悲劇是康熙十三年，赫舍里氏再次臨盆待產，卻不幸遭遇刺激，即假朱三太子楊起隆火攻京城。受到驚嚇的赫舍里氏因難產而身亡，年僅二十二歲。赫舍里氏與康熙帝是青梅竹馬，兩小無猜，加上長康熙帝一歲，通情達理、落落大方，深得康熙帝寵愛。後來赫舍里氏不幸去世，令康熙帝悲痛欲絕。

三、同治帝的悲劇大婚。同治帝六歲即位，慈安、慈禧兩宮太后垂簾聽政。按照祖制，皇帝十四歲即應該大婚親政。可是，貪權的**慈禧太后不想交權，使同治帝的大婚一拖再拖**。直到同治十一年，同治帝已經十七歲，慈禧才不得不宣布舉行大婚典禮。

同治十一年九月，比同治帝大兩歲的阿魯特氏從大清門走進紫禁城，高高興興的成為坤寧宮的主人。可是，這個涉世未深的女孩子不知道，她走進了紫禁城，就等於走上了一條不歸路，因為她的婆婆兼對手是強大的慈禧太后。果然，同治十三年十二月初五，同治帝病逝，之後僅僅七十五天，不堪凌辱的阿魯特氏吞金身亡，結束了自己短暫的生命。

四、光緒帝的悲劇大婚。光緒帝四歲即位，慈禧太后繼續垂簾聽政。光緒帝是一個名副其實的傀儡天子，期盼大婚親政的願望一次次落空，直到光緒十五年正月，他已經十九歲了，才舉行大婚典禮，卻是一場悲劇性的政治婚姻。光緒帝對此深惡痛絕，他從來不到皇后的寢宮去，因為皇后是慈禧的姪女，有監督光緒帝的特殊使命，帝、后二人一生抵牾（衝突）。後來光緒帝的妃子珍妃，因為得到帝寵而被慈禧嫉恨，在光緒二十年十月，遭到褫衣廷杖，被打得奄奄一息；到光緒二十六年七月，慈禧太后和光緒帝西逃之前，珍妃又

▲孝誠仁皇后赫舍里氏，因難產而死。

被慈禧太后狠心扔進井中淹死，年僅二十三歲。

就連末代皇帝溥儀所謂的「大婚」，也是以悲劇結束。他的兩個后妃中，淑妃文繡與他離婚，竟然「休掉」了皇帝，使他顏面掃地；而皇后婉容不僅紅杏出牆，私通侍衛，後來還抽鴉片，精神失常，最後死於獄中，連葬身之地都不得而知。

正宗「甄嬛」令康熙帝忍俊不禁，她靠兒子翻身

清朝皇帝中，雍正帝的婚姻出人意料。這個神祕的雍親王在當皇子時，就已經結婚了。不過，他四十五歲才繼承皇位，他的婚姻就是一般皇子的婚姻。那麼這四阿哥（皇子）有什麼令人意外的？

史料並未記載四阿哥到底什麼時候結婚，不過，史料明確指出是由康熙帝賜婚。這很好理解，因為康熙帝規定，他的成年皇子的正妻，必須由他選擇，側福晉（側室）就不怎

麼管了。

四阿哥到了結婚的年齡，估計是十三、四歲，康熙帝相中內大臣費揚古的女兒烏喇那拉氏作，為四阿哥的正妻，讓兩個人結婚。婚後，到康熙三十六年三月二十六日，那拉氏懷了胤禛的第一個皇子，這立即引起康熙帝的注意——這個孩子被寄予厚望，取名叫弘暉。但康熙帝大感意外的是，這個孩子活到八歲就殤逝，讓康熙帝非常失望。

之後，這個女人一直沒有生育，直到康熙帝晚年，她已經四十多歲，大概喪失了生育能力。雍正八年，雍正帝得一場大病，本來皇后一直在旁伺候，沒想到第二年他逐漸康復，皇后卻一病歸天。雍正帝本想前往見她最後一面，不過大臣們極力阻止，沒有成行。

▲ 孝聖憲皇后（熹貴妃，《甄嬛傳》中甄嬛的歷史原型）。

然而康熙六十一年春季，在牡丹花盛開的季節，康熙帝被邀請赴胤禛府邸賞花作詩。這次浪漫、溫馨的遊玩，居然讓康熙帝有兩個意外的大收穫。

一個是遇到十二歲的孫子弘曆。康熙帝晚年兒孫成群，孫子不知道有多少了，以至於弘曆已經十二歲，康熙帝居然沒有印象。第一次見到這孩子，康熙帝便緊緊盯住他，捨不得移開目光。這孩子長得天庭飽滿、地閨方圓，還聰明伶俐，流暢的背誦出周敦頤的《愛蓮說》，聲音洪亮、吐字清晰。於是康熙帝說出令在場所有人，都大吃一驚的話：**「這孩子的福氣將超越我。」**

二是遇到了一個意想不到的媳婦。康熙帝因為對弘曆的才貌感到震驚，命人把他的母親叫來，想一睹芳容。可是，當弘曆生母跪在他面前時，康熙帝忍俊不禁，幾乎失聲笑出來，對這個女人的長相驚訝不已：**方盤大臉**、**濃眉大眼**、**女人男相**。但康熙帝作為公公，怎麼能失態？於是，他靈機一動道：「有福之人，有福之人。」從而化解了這場危機。

乾隆帝的生母，就是大名鼎鼎的熹貴妃，也就是《後宮甄嬛傳》中**甄嬛**的歷史原型。在雍正帝即位後，對這個其貌不揚的「甄嬛」另眼相看：

第一，「甄嬛」很有能力，很有擔當。熹貴妃從熹妃晉升為熹貴妃，一路走來穩扎穩打，從不失手。在雍正三年，年貴妃（敦肅皇貴妃）去世，她升為後宮第二把手，輔佐皇后；雍正九年九月二十九日，中宮皇后病逝，她以熹貴妃的身分打理後宮事務。雍正帝對她非常放心，對她的能力給予充分肯定。

第二，**這個「甄嬛」身體太好了**。這讓雍正帝非常意外，也非常欣慰。熹貴妃似乎沒鬧過什麼毛病，身體一直很好，吃得飽、睡得好。直到雍正帝去世，她還健康的活著。到乾隆帝即位，她成為皇太后，因為愛好旅遊，到杭州、泰山、盛京（瀋陽）、五臺山遊山玩水，享盡榮華富貴。直到乾隆四十二年，她以八十六歲高齡謝世。

所以，雍正帝的婚姻令康熙帝和雍正帝本人都大感意外。

嘉慶替道光做一切安排，媳婦後事大家心裡明白

我說嘉慶帝不聰明，不是我妄自下的結論，嘉慶帝自己也這麼說，說自己「秉性魯鈍」，就是很笨的意思，不能靈活處事。我們從嘉慶帝安排嫡子道光帝的婚姻大事來看，仍然脫離不開「魯鈍」這兩個字。到後來，我想嘉慶帝自己都感覺到這一點，因為他確實看走了眼。

道光帝是他早就相中的接班人，因為他是由嘉慶帝原配喜塔臘氏、也就是孝淑睿皇后所生，排行又在前面。緊接著，嘉慶帝還要為道光帝以後的事著想。於是，嘉慶帝在位期間，積極安排這個祕密儲君的婚姻大事，以便實現自己往下傳位的目標。

遵照父祖乾隆帝和雍正帝的做法，道光帝的正妻一定要選好，其中最應該重視的就是要出身名門望族。嘉慶帝經過慎重選擇，選中名門大戶出身的鈕祜祿氏，也就是滿洲鑲黃旗人戶部尚書兼步軍統領布彥達賚的女兒。在嘉慶元年正月二十一日，嘉慶帝為他們主持隆重的婚禮。他心裡明白，這個迎娶的媳婦就是將來的中宮皇后。但接下來的事令他沮喪的意識到，這樁讓他沾沾自喜的婚姻是看走眼了。

第一，這個女人不生育。大家想想，嘉慶帝這麼重視鈕祜祿氏的目的，就是要她生出皇子將來接班。令他大失所望的是，這個媳婦結婚多年，肚子一直沒有動靜，一直到嘉慶

十三年，道光帝二十六歲還膝下無子，這可怎麼辦？選了半天選出來的女人竟然不能生育，令嘉慶帝懊惱不已。

第二，這個女人短壽。鈕祜祿氏不僅不能生育，還非常短命。到嘉慶十三年，她居然一病歸天，就這樣死了。沒辦法，嘉慶帝還得好好送這個媳婦上路。嘉慶帝特地叮囑，這個女人的棺罩要用黃色。大家一看就了解，黃色是皇帝和太子專用的顏色，這**明顯是向世人洩露儲君到底是誰**。

▲ 嘉慶帝像。他說自己魯鈍——看來是實話。

宮女產子，嘉慶帝這才鬆一口氣

嘉慶帝可說是絞盡腦汁選名門，選中的女人卻還是讓他大失所望。接下來，他還得繼續幫道光帝選繼妃，目的不就是生孩子？還是相同的標準：出身高貴、名門望族。這次是佟佳氏，滿洲鑲黃旗人，杭州將軍舒明阿之女，無論出身或門第都可謂門當戶對。

嘉慶十三年，鈕祜祿氏一死之後的幾個月，道光帝就把佟佳氏迎娶進來。嘉慶帝再三祈禱，一定要生出皇子來。可這只是嘉慶帝的一廂情願，不管他怎麼期盼，這個媳婦也沒能讓他如願。直到婚後第五年，雖然皇后終於臨盆生產，但生下的不是皇子，而是公主。從此之後，嘉慶帝再也沒看到佟佳氏懷孕生子，嘉慶帝再次看走眼。

不過，這時的嘉慶帝就有了疑問：他懷疑自己的眼光，自己選中的接班人是不是本身有問題。若是道光帝生不出皇子就慘了，因為大清就會絕嗣。所以，他非常著急，怕出問題。當然，道光帝也心急如焚。他一看正室不能懷孕生子，趕緊另想辦法，就和那些伺候他的宮女們培養感情。一努力，果然不負眾望，到嘉慶十三年四月，正當嘉慶帝懊惱不已時，傳來了一個天大的好消息，**一名姓那拉氏的宮女生下一個男嬰，就是道光的長子奕緯**。至此，嘉慶帝才如釋重負——自己選中的接班人道光帝沒有問題，是自己看上的兩個女人出了問題。

嘉慶帝虛驚一場，擔憂了整整十三年，太煎熬、太可怕了。

3 帝的後宮反映執政能力，帝的兒子只想好好活下來

皇帝與后妃們的家庭私事，是不能被外人所知道。他們也會像普通人一樣大聲爭吵，有溫存的愛情；對於子女，會有望子成龍的奢望，也會有安排子女婚姻大事的責任。這些事都發生在神祕莫測的後宮中，使得現在的人對皇帝的金屋充滿好奇，想要一探究竟。

皇帝幸宮，吃完晚飯翻牌選（換）床伴

皇帝幸宮，是一個大家非常感興趣、又倍感神祕的事。對此，很多民間野史傳得沸沸揚揚，影視作品也加以渲染。但是，大都沒有抓住重點，或根本是瞎編出來的。那麼，清朝皇帝究竟怎麼幸宮？

首先是幸宮妃嬪的方式。按照規定，皇帝的後宮配有一定數量的妃嬪。究竟在什麼時間召幸什麼人，有明確的規定。例如每年的大年三十（除夕），正月初一、初二，皇帝必須

在皇后寢宮中過夜。可是，皇帝畢竟是皇帝，他有至高無上的權力，這種宮闈祕事究竟怎麼安排，還是由皇帝自己作主。

除了這三天法定要求之外，皇帝召幸妃嬪就不受制度的約束，主要是看皇帝的心情。皇家實行兩餐制，晚餐通常在下午三點左右。吃完晚餐，皇帝按例要看綠頭牌，綠頭**牌上寫著妃嬪的年齡、旗籍、封號等，皇帝看著牌子，回憶著每個妃嬪**，喜歡誰就翻誰的牌子。總管記下牌子，通知其做好準備。當然，有些特殊狀況的妃嬪，像是生病、生理期來的，都要撤下牌子，並不呈遞給皇帝。對這件事**把關的應該是皇后**，她有這方面的職責。

其次是幸宮妃嬪的地點。某些**小說中提到，皇帝喜歡誰，就去誰的寢宮，但這是不可能的事**。皇帝以天子至尊，不會去一個女子的寢宮裡，這樣會降低皇帝的威嚴。另外妃嬪雖然居住在東西六宮（按：紫禁城內廷東西六宮，皇帝妻妾之居所），但畢竟是分散居住，安全問題不好掌控。所以，這些被召幸的女子一律到皇帝的寢宮。

順治帝和康熙帝在乾清宮（紫禁城內廷後三宮之一），雍正帝因為其他考量，把皇帝寢宮移到養心殿。當然，皇帝並不是一直待在紫禁城內，每年大部分的時間，會在圓明園或避暑山莊度過，如果在行宮（帝王出巡時住的宮殿）裡，當然就不管這些制度了。有資料記載，咸豐帝不上朝，總在慈禧寢宮裡尋歡，慈安就頂著祖訓，跪在寢宮外面大聲誦讀，咸豐帝一聽便匆忙穿上衣服上朝去了。這其實是虛構情節，皇帝若在紫禁城裡面，絕對不會到慈禧寢宮去，這不符合祖制。

最後是皇帝幸宮的細節。有資料說，皇帝臨幸某妃嬪，得到通知的妃嬪便**脫光衣服，被太監用毯子包裹著擡到養心殿去**。作者說這是為了皇帝的安全，妃嬪赤裸裸來，一絲不掛，皇帝絕對不會有危險。但**這是不可能的事情**，清朝的皇帝非常務實，也沒有人們想得那麼專制，他們很尊重女權，不會如此不顧妃嬪們的感受。有的資料甚至說，皇帝幸宮完事，太監或總管問：「留不留？」皇帝答「留」則留，否則，由專門人員按壓穴位擠出精液，我敢說這是虛構的。皇帝十分重視后妃的生育，不管是皇子還是公主都要用心撫養，他們的母親因為生育，還會得到賞賜或晉升。

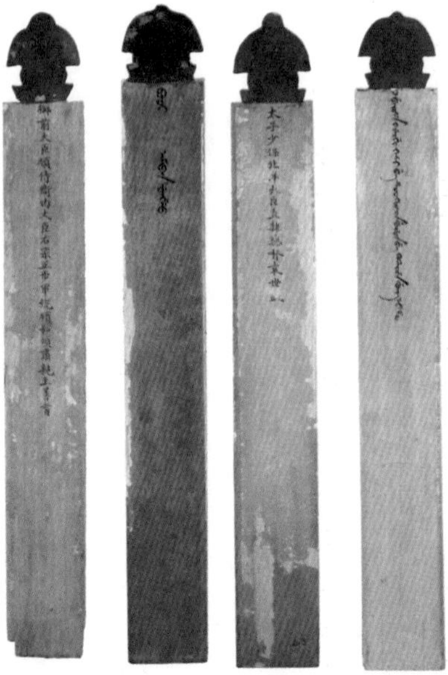

▲綠頭牌、紅頭牌。覲見皇帝時所用，紅色為皇族使用。皇帝選妃嬪侍寢時，也會翻綠頭牌。

總之，皇帝幸宮無論是地點還是方式，都不會太過神祕，小說大多為了引人注目而任意虛構，不可全信。

王的後宮，一如他的執政能力

清朝皇帝的生育有兩種。一種較為正常，壽命長的、在位時間長的皇帝，和那些短命皇帝相比，生的孩子就多，例如康熙帝和乾隆帝；另一種較為反常，例如末代三帝的**同治帝、光緒帝、宣統帝竟然一個孩子也沒生**，真是奇怪極了。

不妨分析一下，清代這些帝王在生育方面都有哪些差異，進而掌握這些帝王的特徵。

首先，分析清初三帝的努爾哈赤、皇太極和順治帝。努爾哈赤一生十七個后妃中，十一個有生孩子，共生育了二十四個子女，只有一個庶妃生了五個子女，反映出努爾哈赤無暇顧及後宮，常年征戰在外的生活狀況。皇太極則恰恰相反，十四個后妃幾乎都有生育，只有一個康惠淑妃博爾濟吉特氏沒有，那是她本人確實有問題，她嫁給皇太極之前是林丹汗（蒙古最後一任大汗）的妻子，之前也沒有生孩子，這反映出皇太極愛江山更愛美人的浪漫情懷。

順治帝雖然僅僅活了二十四歲，也只有十年的婚姻，但后妃人數達到三十二人，這充分說明當年湯若望（按：天主教傳教士、中國明末清初官員）批評他好色是有所依據。儘管如此，順治帝的後宮卻有一個非常奇怪的現象，三十二位后妃中僅有十二位生了孩子。順治帝年紀輕，又傳聞好色，卻有這麼多后妃沒有生育，可以說明一件事——順治帝很叛逆。

他的女人大部分是由他的母后孝莊選擇，順治帝對此極其反感，因而故意不去召幸她們。最明顯的例子就是六個蒙古族的后妃中，沒有一個生育孩子，這就是**他在挑釁孝莊**。

其次，我們看一下盛世三帝的康熙帝、雍正帝和乾隆帝。這三位帝王的後宮最有規律可循，盛世帝王必有可圈可點的後宮。

第一，產生了三位生育冠軍，康熙時期兩個冠軍：一是榮妃馬佳氏，她生了五個皇子和一個公主，其中最著名的就是康熙帝皇三子胤祉；二是德妃烏雅氏，生育了三個皇子和三個公主，其中最著名的就是雍正帝和十四王胤禵（音同「題」）。乾隆時期一個冠軍，即孝儀純皇后魏佳氏，她生育了四個皇子和兩個公主，其中最著名的就是嘉慶帝顒琰。

第二，產生了三個老壽星，康熙帝、雍正帝、乾隆帝時期各一個：康熙帝的定妃萬琉哈氏，活到九十七歲；雍正帝的純懿皇貴妃耿氏，活到九十六歲；乾隆帝的婉貴妃陳氏，活到九十二歲。

不僅如此，我們**從這三位帝王、后妃的生育中，也能看出他們的性格特徵**。康熙帝五十五位后妃中，三十位有生孩子，占了一半以上，說明康熙帝的後宮生活基本上是和諧的，後人一致認為是溫暖的後宮；雍正帝二十五位后妃中只有七位有生孩子，絕大多數沒有生育，說明了雍正帝勤政工作，無暇顧及後宮的說法是真的；乾隆帝四十一位后妃中，只有十位有生孩子，三十一位后妃沒有生育，充分**說明乾隆帝具有冷漠無情的性格**。

最後，看看清朝的中衰二帝，嘉慶帝和道光帝。這兩個**帝王的後宮一如他們的執政能**

力，具有兩個特點：一是生育平淡，嘉慶帝生育了十四個子女，道光帝生育了十九個子女，以后妃如雲的情況分析，比較正常，平淡無奇，沒有出現生育冠軍；二是后妃沒有特色，兩個皇帝的后妃幾乎沒有波瀾，正如記不住嘉慶、道光的政績一樣，大家幾乎記不住她們的名字。

咸豐帝是清朝僅有的一位風流天子。因為風流，他自食其果：一是壽命短，三十一歲咳血身亡；二是**子女少**，十八位后妃中只有三位生孩子，其中的兩位皇子也只有一位沒有夭折，即慈禧的兒子載淳（同治帝）。咸豐是清朝的帝王中子女最少的一位，他風流早逝導致的後果，就是把皇位交給六歲的兒子，也就等於交給了慈禧，從此大清江山改姓葉赫那拉，這難道不是**咸豐帝應負的歷史罪責**？

到這裡我們可以看出，清朝皇帝中的生育冠軍不是別人，正是被稱為「大帝」的康熙皇帝，他一生有五十五個后妃，生了五十五個子女。生育最少的是咸豐皇帝，他的十八位后妃只生了三個子女。咸豐之後的三位帝王則乾脆一個也不生了。

每天五點開始唸書十小時，想當王子嗎？

皇子和公主出生在帝王之家，簡直太幸福了。生活無憂、每天呼奴使婢，吃的、用的都是人間極品，那生活水準簡直就是「天上人間」。可是，當我們走近這些皇子王孫、金枝玉葉時，卻發現有很大反差，甚至感覺他們就是一群可憐的孩子。現在，帶大家走進他們的生活。

首先，皇子和公主不許吃母乳。現在生孩子，醫生會說一定要吃母乳，好的、貴的奶粉也不如母乳的營養好，最適合嬰幼兒。這個道理無論現代或那時的老百姓都知道。可是，清宮的皇子、公主們卻例外。他們一生下來就要被抱走，皇帝會請很多奶媽來餵孩子

▲ 康熙大帝，是生育冠軍，有 55 位太太、55 名子女。

▲ 道光帝行樂。清朝皇子最辛苦，每天早晨五點就得起床唸書十小時，難怪長大只想放鬆。

吃奶。產婦則另行安排，御醫會按照慣例，馬上給產婦調配回乳湯，就是不讓她們產奶。

這樣做應該是為了照顧皇帝，一是怕產婦身體走形，二是怕陪著皇帝不方便，所以，乾脆不讓她們產奶。大家想想，小孩子不能得到母愛多可憐。他們最親近的人不是親生母親，而是奶媽。

奶媽的選擇也很講究，一定要相貌端莊、剛剛生產過第二胎的年輕旗人少婦。奶媽和小孩子從小就建立起深厚的感情，我們在歷史上會看到這樣的實例，例如儘管順治帝很叛逆，不聽王公大臣、母后孝莊的話，但要是奶媽出面那就不一樣了。順治十六年，**鄭成功反攻大陸，勢如破竹，順治帝嚇壞了**，他先是想逃跑回到東北去。在遭到孝莊的痛斥後，又想御駕親征，這可把大家急壞了，**最後大家把奶媽李氏叫來，緩解了順治帝急躁的情緒**。

另外，清朝皇子們的少年生活非常苦，就像現在準備大考的學生一樣。皇子們入學的年齡很小，虛歲六歲就要進上書房讀書。皇子們要幾點起床去學習？清人趙翼在《簷曝雜記》中曾有生動的描述：「本朝家法之嚴，即皇子讀書一事，已迥絕千古。餘內直時，屆早班之期，率以五鼓入，時都院百官未有至者，唯內府蘇喇數人往來。黑暗中殘睡未醒，時複倚柱假寐，然已隱隱望見有白紗燈一點入隆宗門，則皇子進書房也。吾輩窮措大專恃讀書為衣食者，尚不能早起，而天家金玉之體乃日日如是。」

趙翼並沒有誇張，皇子們不僅要早起，還要堅持很長的時間，就是「卯入申出」，**即早上五點至下午三點，共計十個小時**。讀書時要正襟危坐，夏天不許搖扇子，午飯由侍衛送上來，老師先吃，皇子們吃完不休息，繼續做功課。

皇子們的假日更是少得可憐，只有元旦、端陽（端午）、中秋、萬壽（皇帝的生日）、自壽（自己的生日）共五日，除夕也不放假。康熙皇帝回憶說，他五歲開始讀書從不間斷，**累得咳血仍堅持到底**。每天老師指定某一段文章要念一百二十遍，之後再背誦一段新的內容，直至**把《大學》、《中庸》、《論語》、《孟子》完全背下來**。

不僅如此，嫁出去的姑娘宛如潑出去的水，公主的待遇更是悲慘。一般來說，女兒是父母的掌上明珠，最親近的莫過於女兒了。可是，清宮的金枝玉葉卻有難言之隱。她們承擔著政治任務，不能隨便嫁人，要聽從於政治上的安排。例如，清朝講究滿蒙聯姻，清宮的大部分成年女子都要遠嫁到塞外。

那個時候交通很不發達，她們這一走，可能就一輩子見不到父母。孝莊病重期間，就曾要求見見多年未見的女兒，幸虧康熙帝有心才能見到。另外，公主嫁出去後，想回紫禁城見父母也要經過批准，不可擅自進入。康熙帝的大公主出嫁後，就曾因為擅自回宮而遭到康熙帝斥責。光憑這幾點來看，清宮的皇子、公主們就很可憐了。

「好好活下來！」皇子們的奢侈目標

對於「太子」這個詞，大家並不陌生。在中國封建社會中有帝王存在，就會有太子存在，他是皇位的繼承人。太子之位非常重要，也非常特殊。清宮中有一個特別的現象，即**凡是被冊立為太子的皇子，要想好好活下來是件很困難的事**。活著是連普通人都有的權利，對清宮中的皇太子們來說卻很奢侈。

第一種是**遭人暗算的太子**，這樣的太子有三位。

一是褚英。褚英（一五八〇年至一六一五年）是**努爾哈赤長子**，母為元妃佟佳氏。褚英十九歲帶兵打仗，英勇無比。萬曆三十五年（這時明朝未亡，是一六〇七年），褚英與烏拉部在烏碣岩展開激戰，憑藉勇敢和智謀取得勝利，削弱烏拉部的力量。

努爾哈赤欣喜萬分，以褚英奮勇當先，賜予「阿爾哈圖圖門」尊號。阿爾哈圖圖門是滿語音譯，即足智多謀之意。之後，在宜罕山城（今吉林市龍潭山古城）等戰役中，褚英也是軍功卓著，為努爾哈赤完成女真統一大業做出重要的貢獻。因是長子又屢建戰功，他被授命執掌國政，那時他才二十九歲。萬曆四十一年（一六一三年），以嫡長子身分，憑藉多年戰功，他一度被立為早期後金政權的汗位繼承人。

可是，由於褚英行事不謹慎，遭受來自各方的攻擊和陷害。不僅有額亦都、費英東、何和禮、安費揚古和扈爾漢五位大臣的攻擊，而且還有代善、阿敏、莽古爾泰、皇太極四大貝勒（按：原指滿族貴族，後來成為宗室封爵的名稱）的攻擊，最終在萬曆四十一年三月二十六日，被努爾哈赤幽禁在高牆之內。

對這個親生骨肉要怎麼處置？萬曆四十三年（一六一五年），努爾哈赤經過將近兩年的思索，他的結論是什麼，資料記載：「長子若生存，必會敗壞國家。」很明顯，留著褚英會後患無窮。於是在同年八月二十二日，剛過完中秋節，「始下決斷，處死長子」。褚英死去之時年僅三十六歲。關於褚英之死有多種說法，其中最普遍的是被絞殺。可憐的褚英，年輕的生命就這樣消逝。

二是代善。代善（一五八三年至一六四八年）是清太祖努爾哈赤次子，曾因作戰英勇被賜號「古英巴圖魯」，天命元年（一六一六年）被封為和碩貝勒，參與國政，為四大貝勒之首，以序稱大貝勒。就在褚英被廢黜殺掉之後，代善被確定為接班人，也就是皇太子的位置。

可是，身處高位不勝寒，代善的太子地位同樣遭到他人嫉妒。天命五年，發生了兩件事，讓代善失去了太子之位。一是努爾哈赤大妃阿巴亥紅杏出牆事件，**代善被人告發與後**

母阿巴亥有染，遭到父汗的唾棄；另一件事是他和兩個兒子之間的矛盾被人告發，這令努爾哈赤徹底下了決心，廢除了他的太子之位。

三是胤礽。胤礽（一六七四年至一七二五年）是康熙帝次子，生母是孝誠仁皇后赫舍里氏。由於胤礽難產，赫舍里氏大出血去世，所以康熙帝出於對皇后的補償心理，在胤礽兩歲時將他立為皇太子並昭告天下。康熙帝對胤礽精心培養、特別教育，因此胤礽進步非

▲ 孝賢純皇后——兩個太子的生母。皇后難得多產，兩個兒子卻都早死。

常快，朝野內外都很讚賞皇太子的才幹。

可是他不時遭受來自兄弟、王公大臣、父皇各方的壓力。當然，胤礽自己也有很多問題，例如生活腐化墮落、官僚作風習氣等。最主要的是他的兄弟們，有八個覬覦皇太子之位——大哥、老三、老四、老八、老九、老十、老十三、老十四，歷史稱**「九子奪嫡」**。**身為皇太子的胤礽還能穩坐高位嗎**？後來，他被康熙帝兩度廢立：康熙四十七年廢掉，第二年再立；康熙五十一年再度廢掉。胤礽是清朝唯一公開冊立的太子，康熙廢了他之後恢復祕密建儲。雍正即位第二年去世。

第二種是夭折的太子，這種情況的太子有兩個。

一個是皇太極的宸妃之子。崇德二年七月，宸妃生下皇八子，很湊巧，這個孩子和皇太極一樣都排行第八，因而得到皇太極的極度喜愛，他宣布：「關雎宮宸妃誕育皇嗣。」「皇嗣」這個稱謂，被人們認為就是繼承人。

皇太極做了許多逾制的事情，例如頒詔大赦。宸妃之子誕生，皇太極特頒「大赦令」，這是前所未有的。各地風聞，紛紛上表，以示慶賀。朝鮮國上表：「上皇太子箋文，並獻皇太子禮物。」在表文中，公然稱為皇太子。皇太極想透過上述做法，將襁褓裡嬰兒的皇儲地位合法化，這無疑是為了討好和感動宸妃。然而，這孩子不遂人意，僅活七個月就過世了，讓滿懷希望的宸妃悲痛欲絕。

另一個是順治帝董鄂妃之子榮親王。這個孩子於順治十四年十月出生。榮親王出生後，順治帝和他父皇皇太極一樣大赦天下；本來是第四子，卻稱為「第一子」，表明順治帝心目中只有董鄂妃和這個孩子；最關鍵的是冊封這個孩子為皇嗣。可惜，這個太子更加短命，僅僅活三個月就殤逝了。

第三種是難活的太子（內定太子），這種情況的太子有兩個，且都是乾隆帝的皇子。一個是乾隆帝的皇次子永璉，雍正八年由孝賢純皇后生育，乾隆元年，乾隆帝一即位就祕密立儲為皇太子。可是這個孩子身體虛弱，到乾隆三年，居然因一場感冒失去性命，這一年他僅僅九歲。另一個是乾隆帝第七子永琮，生於乾隆十一年，生母仍然是乾隆皇帝的孝賢純皇后富察氏。乾隆帝這次非常小心，因為他有一個願望，就是冊立這個孩子為皇太子，實現他立嫡為太子的夢想。

之前即位的皇子都是庶出，他對此感到遺憾。永琮是皇后所生，乾隆帝決心把希望寄託在他身上。很可惜，這個孩子在出生之後的第二年，即乾隆十二年的除夕之夜，竟然患天花病逝了，乾隆帝的夢想就此落空。

清宮中這些太子的生活太不容易了，不只會遭人暗算、被人覬覦，甚至可能遇上天災人禍，想要活下來並順利即位真是難上加難。

4 熬到生出皇子的后妃們，命運各不同

兒子像媽媽，一是說長相，我們通常認為兒子長得像母親；二是指感情，相比之下，兒在情感上母親和兒子更親近。有的兒子娶了媳婦後，母親會無端吃醋，就是這個道理。深宮之中，母子之間也會有這種情況，但與民間相比還是有很大的區別，因為，這裡是一個角逐名利的戰場。

清代皇子繼承帝位後，按體制，母親被尊為皇太后。皇太后由當朝皇帝供養，備極榮耀。細數清朝的皇太后，可以真正理解母以子貴的含義。我們看看清朝有哪些女人憑藉兒子而顯達。

主管後宮事務，有時等於主管國家大權

皇太極的生母孝慈高皇后，十七歲時生下皇太極，到二十九歲去世時，丈夫努爾哈赤尚在，沒有當過皇太后。

順治帝的生母為孝莊文皇后，即莊妃，丈夫皇太極死時，她三十二歲，六歲的兒子繼承帝位，她當上皇太后。一直到順治十八年，她在選后、立國等諸多方面費盡了心思，但也擁有一定的權力。順治死去，**康熙嗣位，身為太皇太后的她起了一語定乾坤的作用**。順治得天花病危，當時天花無藥可醫。康熙得過天花大難不死，但康熙的哥哥沒得過天花，當繼承人不妥。孝莊當時還找來傳教士湯若望支持自己的看法——幼主繼位，比兄弟繼位更能保持大局安定。康熙對祖母備極孝養，尊崇有加。她在康熙二十六年十二月去世，壽七十五歲。

康熙帝生母孝康章皇后，在順治十一年三月十八日生康熙帝時，年僅十五歲。康熙元年，玄燁以八歲幼齡即位，尊生母為慈和皇太后。慈和身體一直不好，雖身居高位，但無福享受，第二年二月初一即崩逝，年僅二十四歲。

雍正帝生母為烏雅氏孝恭仁皇后，也就是康熙帝的德妃烏雅氏。她十八歲時生下雍正帝，雍正元年五月二十三日崩逝，僅做了半年皇太后，壽六十三歲。相傳，她因不滿兒子的得位手段，**對兒子擬給她的「仁壽皇太后」徽號，以及從永和宮遷至寧壽宮的待遇，都以在喪期中為由加以拒絕**。尤其是兩個親生兒子胤禛和胤禵鬧對立，令她十分頭痛，不久生病了。最終，她要見小兒子胤禵，雍正大怒，她便撞柱而亡。

乾隆帝生母孝聖憲皇太后，也就是我們現在所說的「甄嬛」。她十三歲以秀女入宮，身分卑微，可是她聰明伶俐、做事得體，在雍正即位後，即升為熹妃，再晉皇貴妃。乾隆即位後，被尊為崇慶皇太后。弘曆十二歲那年，熹妃奉特旨攜子陛見聖祖，聖祖見她相貌「不凡」，連誇她是個「有福之人」。果然，乾隆即位後，備極孝順，多次侍奉其下江南、巡五臺、幸盛京，遊山玩水，享盡人間奢華，在宮中度過七十三個春秋，享年八十六歲。

嘉慶帝生母孝儀純皇后，即《還珠格格》中那位大名鼎鼎的令妃。她出身卑微，原為漢軍旗（歸附滿州的漢人），卻非常能生育，生了六個子女，尤其在乾隆二十五年生下嘉慶後，更是如日中天。乾隆三十一年，她挑起宮鬥，打敗了中宮皇后，詔封為皇貴妃，**主持後宮事務**。乾隆六十年，兒子嘉慶即位，那時她雖然已經去世，但還是被追封為皇后。

道光帝生母孝淑睿皇后喜塔臘氏生一子二女，二十二歲時生下皇二子旻寧，被祕定為皇儲。旻寧（道光）是**清朝諸帝中，唯一繼承大統的嫡出皇子**。可惜，孝淑命淺福薄，於嘉慶二年去世，時年三十八歲。當時，太上皇尚在，連喪事都辦得比較寒酸。但她的兒子道光幫她屢加諡號，讓她死後安享尊榮。

咸豐帝生母孝全成皇后，鈕祜祿氏，有過三次生育，道光十一年，二十三歲時生下皇四子奕詝。孝全是道光帝後宮中傳聞最多的一位女主人，關於她的得寵，有《清宮詞》中的詩為證：

蕙質蘭心並世無，垂髫曾記住姑蘇。
譜成六合同春字，絕勝璇璣織錦圖。

關於孝全成皇后之死，民間傳得沸沸揚揚，虛構出許多情節，使人難辨真偽。《清宮詞》中，記錄下一首孝全企圖毒死其他皇子，使自己所生的皇四子繼承皇位的故事：

如意多因少小憐，蟻杯鴆毒兆當筵。
溫成貴寵傷盤水，天語親褒有孝全。

據此，有人繪聲繪色的勾勒出一幅皇后企圖毒殺皇子的圖畫，這位年輕美貌的女子，讓人不禁心寒三分，也反映出深宮大內危機重重，到處充滿殺機。孝全成皇后於道光二十年正月十一日「忽然」去世（起因於婆婆、道光繼母的被自殺），年僅三十三歲，離她兒子繼承帝位還有十年的漫長時日。咸豐即位後，極力尊崇生母，而貶抑對自己有養育之恩的靜貴妃（孝靜成后）。

同治帝生母**慈禧太后**生於道光十五年，於咸豐元年大選秀女中選，時年十八歲。她於咸豐六年生下同治帝，咸豐十一年同治即位時，慈禧年僅二十七歲。此後，她費盡心機，發動北京政變，廢八大臣，垂簾聽政；光緒帝嗣位，她再次垂簾，一八九八年，她扼殺變法，再度訓政，**前後掌權達四十八年之久**。

光緒帝生母為醇親王（奕譞，道光帝第七子，兄為咸豐帝）福晉葉赫那拉氏（慈禧之

▲「被自殺」的孝全成皇后，牽著小咸豐帝。

妹），宣統帝生母為載灃（奕譞第五子）福晉瓜爾佳氏，這兩位均生活在王府，不在宮內。但是，她們卻因為兒子繼承皇位而被大家認識，也算是一種母以子貴。

權力的欲望會使人白目變蠢，禍及老媽

為皇帝生了龍子，又費盡千辛萬苦侍奉皇帝，得到豐厚的回報是正常的，尤其是作為

老皇帝的后妃，在嗣皇即位後應倍加尊崇。可是，清代宮廷中卻發生了兩起「母以子賤」的怪現象。

一個是康熙帝宜妃，姓郭絡羅氏，佐領三官保之女。康熙十六年即冊封為嬪，曾生有皇五子胤祺（親王），二十年即晉為宜妃，二十二年生皇九子胤禟，二十四年生皇十一子胤禌。三位皇子中，皇九子胤禟是讓宜妃最不放心的一位。

胤禟從懂事時起，就不甘心一生只做一位無權無勢的王爺。相傳，他曾對親信秦道然、何圖等人說，他母親懷孕時得了一場病，夢見真武菩薩賜給她一個日輪狀的紅餅，吃下後病就好了，胎兒也安穩了。又說他幼時耳後生癰，病重昏迷，忽聽得一聲巨響，睜眼看時，只見室內梁宇之間有許多金甲神將，病竟不治而癒。他這樣**神化自己，說明對大位有非分之想**。

可是，胤禟才智平庸，難成大器。於是，他便轉而擁護皇八子，不成之後，又企圖擁立雍正帝同母之弟胤禵。曾有個叫蔡懷璽的人散布流言，說「二七便為主，貴人守宗山」，暗示十四王（胤禵）當皇帝，並讓宜妃當太后。

事敗後，雍正帝大怒，一方面幽禁胤禟，一方面更加憎恨宜妃。在康熙大喪之初，雍正帝與眾母妃同在大行皇帝棺前治喪。宜妃不但十分輕蔑雍正帝，還以身體不適為由，乘軟轎前往。雍正帝忍無可忍，下旨嚴斥：「眾母妃自應照前遵行國禮。即如宜妃母妃用人挾腋可以行走，則應與眾母妃一同行禮，或步履艱難，隨處可以舉哀，乃坐四人軟榻在皇太后前，與眾母妃先後攙雜行走，甚屬僭越，於國禮不合。」他派出御前太監（貼身太監），前往宜妃住處傳旨申斥。這時，一向**口無遮攔的宜妃才知大禍臨頭**。於是，《清宮詞》也留下了紀錄：

大行遺柩在宮闈，
宮眷哀號奉禮儀。
聞道嗣皇哀痛切，
哭臨先已責宜妃。

雍正帝雖然不便對宜妃無禮——這主要還是礙於其是母輩——但也大大冷落了她。宜妃由於兒子的關係而大受冷落，又鬥不過當今皇帝，只好出宮去了九子的王府家，從此銷聲匿跡。

另一個是道光帝的孝靜成皇后。孝靜成皇后比道光帝小三十歲，十四歲時嫁給了四十四歲的道光帝。她生了三子一女，其中於道光十二年生下的皇六子奕訢，曾使道光帝對她極為寵愛，並在立皇儲的問題上曾有過考慮。自道光二十年孝全成皇后死去後，她就以皇貴妃身分主持後宮事務（道光末另立新后）。不僅如此，孝靜成皇后心地善良，又擔負起撫養年幼的皇四子（咸豐帝）的重任。

咸豐登基後，因為立儲的關係與六弟關係惡化，奕訢也因為沒當上皇帝而嫉恨咸豐帝，便想憑藉孝靜的身分來抬高自己的地位，因此屢有所請，要求咸豐帝尊孝靜為皇太后。咸豐帝考慮到撫養之恩，不得已尊晉其為康慈皇太后，正在病中的孝靜僅當九天太后便溘然長逝，壽四十四歲。

孝靜一死，咸豐帝本應為其大辦喪事，以報養育大恩，可是，他太厭惡奕訢了，便大**大簡化了太后的喪儀：**

一是不為其建皇后陵，而是葬入妃園寢。按照大清家法，皇太后是要單建陵寢的，黃瓦紅牆，規模宏偉。可是，咸豐帝投機取巧，將皇太后葬進妃子墓，只簡單將大殿的綠瓦換成了黃瓦，局部調整了一下，就由妃子墓升格為皇后陵，實際上是自欺欺人的把戲。

二是太后奉安（指帝、后安葬）大典，咸豐帝不護送、不親臨。孝靜作為咸豐帝的養母，對他有十年的養育之恩。在棺槨下葬這個大日子，他應該親自護送，看著養母下葬，做最後的告別。但咸豐帝不去，九泉之下的孝靜太后會多麼傷心。

三是刪減其謚號為八個字，並不繫宣宗謚號。謚號就是蓋棺定論，古人對此非常重視。本來，皇后的謚號一上就是十二個字，以後還要再加上四個字，有十六個字。孝靜作為太后，咸豐卻只給了八個字，而且還不加上道光的謚號「成」字（「成」是道光的謚號，清宮規定，皇后必須加上丈夫的這個謚號，才能得到後世尊重）。

▲ 孝靜成皇后。養育之恩大過天，但大不過天子。

四是神牌不升祔（按：奉死者的神主入廟，與先祖合祭）太廟，只升祔奉先殿（按：太廟地位崇高，祭祀活動相當於國家的重大典禮，規模龐大但祭祀次數不多；奉先殿位於紫禁城內廷東側，一年可祭祀多次，規模遠不及太廟），奉供山陵。神牌就是牌位，上面書寫死者的名號。一般來說，皇后的神牌要供奉在三個地方：太廟、陵寢和奉先殿，然而咸豐帝不允許供奉太廟，這是對養母的極大不尊重。

咸豐帝做的這一切，其實不是衝著死者來，而是衝著孝靜的兒子、與自己爭奪皇儲的競爭對手奕訢——使他遷怒於孝靜太后。可以說孝靜太后是母以子賤的經典案例。

得寵媽咪常有短命兒子

皇帝過度寵愛后妃，雖是難得之事，但也並非沒有。一旦受寵后妃生有皇子，皇帝會

▲ 端慧皇太子園寢。寵妃的兒子似乎體質都跟紙糊的一樣，生個小病就夭折。

愛屋及烏，即所謂「子以母貴」。清宮有三個這樣的例子。

一為順治帝孝獻皇后（董鄂妃）及其所生之子。順治帝對董鄂妃可謂「集三千寵愛於一身」，達到了痴迷的程度。兩人相親相愛，終於在順治十四年十月有了結果——董鄂氏生下一子，**排行第四。可是，高興至極的順治帝急於立其為嗣，「錯誤」的稱其為「朕第一子」**，竟以詔書的形式頒行天下：「自古帝王繼續立極，撫有四海，必永綿曆祚，垂裕無疆。是以衍慶發祥，聿隆胤嗣。朕以涼德纘承大寶，十有四年，茲荷皇天眷佑，祖考貽庥，於今年十月初七第一子生，系皇貴妃出。上副聖母慈育之心，下慰臣民愛戴之悃，特頒肆赦，用之仁恩。」

可惜，此子命薄，僅出世**三個半月就夭折了，連名字都來不及取**。順治一面為他大修豪華陵墓，一面追封他為「和碩榮親王」。翌年，陵園告成，八月二十七日，其金棺奉安地宮。榮親王的這一切榮寵，都源於他的母親董鄂妃，順治帝愛屋及烏，把他捧上了天。

二為孝誠仁皇后及其子胤礽。胤礽母為孝誠仁皇后，十三歲嫁給康熙帝，為中宮皇后。她和康熙帝自幼是青梅竹馬，加上又是大臣索額圖的姪女，備受寵愛。婚後第四年生皇子承祜，接著兩年以後再生胤礽。因為當時朱三太子乘吳三桂叛亂之機擾亂宮闈，使孝誠仁皇后受驚嚇難產，孩子雖然生下來，但孝誠幾次昏厥，當天死去，年僅二十二歲。

康熙帝非常悲痛。一年半以後，於康熙十四年十二月，立了未及兩歲的胤礽為皇太子，這純粹是因為康熙帝寵愛其生母的緣故。然而，此子極不爭氣，雖已立了三十三年的皇太子，但於康熙四十七年被廢掉。不到兩個月，康熙帝恢復了胤礽太子的地位，可是，到康熙五十一年，又將怙惡不悛的太子廢掉。這兩度廢立，使康熙帝焦頭爛額，心情極度矛盾。他多次想將帝位傳給胤礽，以慰藉寵后在天之靈，實現傳位於嫡出之子的夢想，但願望最終還是落空了。

三為乾隆帝孝賢純皇后及所生的兩位皇子永璉和永琮。孝賢是嫡后，乾隆十分寵愛，且因生於雍正八年的皇子永璉「聰明貴重，氣宇不凡」，於是在乾隆元年七月初二，密定永璉為皇太子。但到乾隆三年，**永璉受風著涼，竟一病不起**，病逝於寧壽宮，年僅九歲。乾隆帝十分悲痛，他輟朝五天，為永璉賜名**端慧皇太子**，並多次親自到棺前祭祀。後來在陵園右側的朱華山大規模修建了皇太子園寢，隆重治喪，大葬禮成。

之後，乾隆帝並未減輕對孝賢純皇后寵愛的程度，他以滿懷的熱情給予她更多的關照。乾隆十年，孝賢純皇后再生一子，排行第七，取名永琮。乾隆又把希望寄託在永琮身上。然而，天不遂人願，未等乾隆立儲，永琮**患天花而亡**，時年還不到兩周歲，乾隆夫婦極為悲悼。乾隆甚至檢討兩個嫡嗣連殤是他的過錯，並決定「皇七子喪儀應視皇子為優」，賜謚「悼敏皇子」，以親王禮治喪。其喪期達九個多月，參與祭奠的人有宗室貴族、四品以上官員，達萬人之多，費用難以計算，真是備極哀榮。

這兩個皇子之所以屢被乾隆看重，並一度被立為皇儲，都是由於他們的母親得寵。

當你有十幾個兄弟時，生存就成了難題

其實，妃嬪所生之子，和皇后所生之子有什麼區別？同為自己的骨肉，卻分出三六九等，足見等級社會中門第關係的影響至遠至深。在清朝宮廷中也有子以母賤的實例，我舉兩個例子。

其一是康熙帝的皇八子胤禩。在康熙帝眾多妃嬪中，有一位衛氏。她聰明貌美，然而出身奴僕。入宮後她小心謹慎、曲意逢迎，加上她有一個獨特的生理特徵，那就是唾液生香，因而號稱「香妃」。康熙帝愛上了她，她也在康熙二十年生下了皇八子胤禩。

這個皇八子長相英俊，康熙十分喜愛。為了抬高他的地位，康熙將他交由出身相對較高的惠妃撫養。胤禩雖出身卑賤，但他自幼聰明伶俐，工於心計，不甘居人之下，幻想有朝一日繼承帝位。於是他倍加努力，長大後學問、品貌兼優，儒雅風流、穩重大度，終於在康熙五十二年，即他十八歲時被封為貝勒，署內務府（按：總管皇室所居之處大小事務的機構）總管事。

在太子胤礽被廢後，他預謀奪去嗣位。然而，**康熙帝的門第觀念並未改變，他不想將大位傳於一個奴僕所生之子**，被天下人恥笑，甚至居然兩次在大庭廣眾之下，說胤禩「出

身卑賤」，並奪去他的貝勒爵位，斷其夢想。康熙的這種做法讓**胤禩母子十分傷心，衛氏得病時不願配合治療**，對胤禩說：「都是我連累了你，我死了算了。」

還有一位就是乾隆帝烏喇那拉皇后，她所生的十二皇子永璂。乾隆還是皇子時，那拉氏早年與他成親，為側福晉。那拉皇后在宮中一直很得寵，經常隨帝出巡各地。尤其在孝賢皇后死後，乾隆帝秉承太后之意，立其為皇后。可是天有不測風雲，就在乾隆三十年的一次隨帝南巡中，她的命運發生了轉折。

此趟南巡一路遊山玩水，帝、后十分快樂。到達杭州時，在名勝「蕉石鳴琴」處進早膳，乾隆還賞皇后膳品，可是到晚膳在杭州行宮賜膳品時，皇后沒有出席，此後，皇后在出巡人的名單中消失了。原來前一日，聖旨派額駙福隆安護衛皇后由水路先回京，乾隆帝則繼續到江南遊玩。（本書三十一頁曾提到的那拉皇后事件）

該年四月二十日，乾隆回到京城，欲將病中的皇后廢掉，遭到大臣阿永阿等人的強烈反對，未果。五月十四日，乾隆將那拉皇后的冊寶四冊收回，其中皇后一份、皇貴妃一份、嫻貴妃一

▲那拉皇后棺槨。

份、嫻妃一份，等於把她進宮三十來年的所有冊封全行追回。同時，她在宮中的待遇也大為減縮，其手下也只有兩名宮女，皇后名號雖存，但已實亡。

乾隆三十一年七月十四日，備受折磨的那拉皇后死去。當時，乾隆正在木蘭（木蘭圍場，清朝的皇家獵苑）圍獵。得知死訊，他沒有回京，只派皇后親生子永璂回京奔喪。到底是什麼原因，使這位丈夫如此薄情？我們不妨從他的諭旨中加以分析：

「皇后自冊立以來，尚無失德。去年春，朕恭奉皇太后巡幸江浙。**正承歡恰幸（出入酒樓、尋歡作樂）之時，皇后性忽改常**，於皇太后前不能恪盡孝道。比至杭州則舉動尤乖正理，跡類瘋迷，因令先程回京，在宮調攝，經今一載有餘，病勢日劇，遂爾奄逝。此實皇后福分淺薄，不能仰承聖母慈眷，長受朕恩禮所致。若論其行事乖違，即予以廢黜亦理所當然。朕仍存其名號，已為格外優容，但飾終典禮不便復循孝賢皇后大事辦理，所有喪儀止可照皇貴妃例行。」

原來，皇后在巡幸途中，因勸乾隆別嫖妓，老黃帝不聽，她憤而自行剪髮，忤犯了皇上。清制，只有長輩和丈夫死去，后妃才剪髮服喪。皇后自行剪髮，不就等於詛咒皇上死去？自然不為其所容。可是，她為什麼要這麼做（氣到想出家）？乾隆卻隻字不提。皇后以皇貴妃之禮治喪，已屬格外嚴厲了，但實際上遠不止於此：

第一，借用皇貴妃地宮，皇貴妃居中，而皇后棺居旁邊左側，處在從屬的地位。

第二，不設神牌。清制，妃子以上均在陵寢享殿中設有神牌。那拉氏身為中宮皇后卻沒有神牌，這是令人難以接受的事情。

第三，不享祭。一年四大祭，二十四小祭，祭辰、生辰，皇后均無享祭。那拉氏不僅不能接受臣子的祭祀，就連自己的親生兒子，都不能正常前往陵寢祭祀。

這麼嚴厲的懲治，對於一個死去的人來說太嚴苛了。為此，皇后親生子永璂極不滿意，但他敢怒不敢言。民間曾流傳永璂為生母討吃箸的說法，請求父皇格外施恩，即祭祀時在供桌上為母親擺雙筷子，但他的父皇十分不滿，並未答應，甚至有傳聞，乾隆在憤怒之下，一腳踢死了親生兒子。

永璂**受生母牽連，乾隆帝對其他皇子大加封賞時，唯獨對十二子倍加冷落**。他死於乾隆四十一年，僅二十五歲。死後按宗室爵位中，十分低下的公品級治喪，儀式非常冷清。到嘉慶四年三月，嘉慶帝親政，才對這位皇兄加以晉封，名號為貝勒，但仍為皇子中品級最低下者。

5 皇帝阿瑪的工具人——公主

清朝的公主，早期也有「格格」之稱，**入關後確立了稱謂，稱為公主**。這些深宮中的金枝玉葉看上去很高貴，可是由於受封建時代重男輕女的思想影響，她們在很多方面並不如意，甚至不如普通人家的女孩子。例如教育，清宮中的**公主不能接受有系統的教育**；再例如婚嫁，她們被看作政治上的工具，被指婚給皇帝的寵臣，甚至要遠嫁蒙古，離開自己的親生父母。

康熙最疼八公主：幾十個媽媽的宮中孤兒

康熙帝的事業成功是眾所皆知，可是在後宮生活中，康熙帝確實屢遭磨難。他身邊有兩名女性死於難產，這是多麼可怕的事情。一個是他的中宮皇后——孝誠皇后赫舍里氏，她在康熙十三年五月生胤礽時，大出血難產而死。另一個就是現在要講的八公主，她也是難產而死。

▲ 記錄康熙帝出巡之畫作。

八公主生於康熙二十六年，生母是敏妃章佳氏，著名的怡親王胤祥（十三阿哥）的生母。這個敏妃不長壽，在康熙三十八年七月就去世了，當時八公主僅僅十三歲。

為了照顧這個孩子，康熙帝幫她選擇了後母，選來選去，挑中了他最寵愛的宜妃郭絡羅氏。宜妃不僅出身富有之家，氣質高雅，而且生育過孩子，很有經驗，是帶八公主的最好人選。

康熙帝很喜歡八公主，主要是因為這個孩子很小就喪母，比較可憐；還有這個孩子的性格非常溫柔內斂，十分討人喜愛。

過早喪母的孩子個性不會過分張揚，尤其**在複雜多變的宮廷中，沒有母親做靠山，一定要小心謹慎**。八公主就做到了這一點。

八公主出嫁的時間很晚，不是沒有合適的對象，而是康熙帝捨不得。一般來說，那個時代的女孩子在十二、三歲時，就要由父母作主，指婚嫁人了。到了十六、七歲還沒嫁人，就是超齡。

康熙帝知道這個道理，所以在康熙四十三年就為她找了婆家，但是沒讓她嫁過去，依然留養在宮中。過了兩年，八公主已經二十歲，再不嫁人說不過去，才把她嫁出去。

八公主出嫁之前，康熙帝做了三件事。

一是精心選擇女婿。這個女婿是康熙帝滿意的，他是倉津，初名班第，博爾濟吉特氏，襲翁牛特部杜淩郡王。

最主要的是，他與皇家沾親帶故。他的祖母是英親王阿濟格的第四女，阿濟格是順治帝的叔叔，所以這層關係提高了倉津的地位，算是皇親。

二是幫八公主建別墅。公主要遠嫁塞外，康熙帝早做打算，命人在她未來的婆家建一座公主府。

別墅建成後，康熙四十三年八月二十七日，康熙帝借巡視塞外的機會，親臨視察，看看是否遂心。另外，為了防止公主在塞外生活不適應，照例在北京修建了一座公主府，供她出嫁後回京時居住。

三是冊封公主。公主的身分很重要，所以，在八公主出嫁前，康熙帝命禮部給予封號。康熙四十五年七月，公主被冊封為和碩溫恪公主，有了封號公主就可以風光下嫁了。

公主出嫁後，康熙帝時時思念。其實，八公主也思念父皇和宮裡的一切。所以，八公主不時會回到京師（京城）公主府居住，找個機會拜見闊別的父皇。正因如此，康熙帝越來越喜歡這個女兒。公主下嫁當年，康熙帝思念倍增，便在同年的八月初八，駕臨她在婆家的公主府，在這裡一住就是三天。

可是，幸福總是短暫的。康熙帝萬萬沒有想到，公主出嫁後三年，一場災難突然降臨。這一年是康熙四十八年。

先是喜訊，說八公主懷孕了。康熙帝喜不自禁。但他也有所擔憂，女人生孩子是要過鬼門關的。他不敢多想，只能為女兒祈禱。歷經十月懷胎終於要分娩了，康熙帝焦急的等消息。

當時，正直六月天，驕陽酷暑，身體虛弱的康熙帝邊在承德避暑，邊等八公主的消息。傳來的卻是噩耗。太監報告八公主產下一對可愛的雙胞胎就咽氣了，因為孩子過大而嚴重出血。

康熙帝聽聞一陣眩暈。他沒想到女兒這麼年輕就去世了，她都沒有看到自己的孩子，也還沒有享受人生。

十公主：乾隆掌上明珠，這麼看來像甄嬛

乾隆帝的十公主是乾隆帝最小的女兒，出生於乾隆四十年正月初三。我先介紹一下十公主的母親惇妃。惇（音同「敦」）妃是滿洲正白旗人，都統四格的女兒。她比乾隆帝小三十六歲，乾隆三十九年被晉封為惇妃，第二年生下十公主，也是她唯一的子嗣。十公主的母親究竟是怎樣的一個人？資料中留下了關於她的相關紀錄。

她是一個脾氣暴躁的人。乾隆四十三年，惇妃做了一件令人大為意外的事，就是她打死了宮女。這一年，十公主僅僅四歲。

乾隆帝聽到這個消息十分震驚。按規定，後宮主位**不得擅自使用杖刑，更不得隨意杖打宮女**，而惇妃竟敢違背祖制，把宮女杖打致死，乾隆帝一時不知所措。尤其讓乾隆皇帝為難的是，惇妃是十公主的母親，如果是別人，他盡可以按照規定懲處，但該拿十公主的母親怎麼辦才好？

乾隆帝還是做做樣子，懲處惇妃：降格，由惇妃降為惇嬪；罰款，以惇妃為首的人，包括毆打宮女的太監、宮女，都罰銀一百兩；讓她向死者家屬賠禮道歉，並支付喪葬費。

這些惇妃都做到了，但乾隆帝覺得還是過意不去，不得不專門給惇妃下聖旨：「你太任性了，**如果不是十公主的生母，我早已將妳廢黜。**」惇妃膽戰心驚，後悔不已；同時，

她也慶幸自己生育了十公主，感謝這孩子成了自己的保護傘。

確實如此，乾隆帝最喜歡惇妃所生的這個十公主了。為什麼？

第一，十公主是乾隆帝最後一個孩子。乾隆帝有二十七個子女，其中，十公主生於乾隆四十年，此時皇帝已經六十五歲了，她的母親惇妃也已經二十九歲了。由於年紀最小，

▲十公主的生母惇妃，脾氣火爆。

所以乾隆最喜歡，那也合情合理。

第二，十公主尚武。《嘯亭續錄》（按：清朝貴族昭槤所作，其著有《嘯亭雜錄》、《嘯亭續錄》，記錄許多清朝的政治、文化等資料）記載，**十公主性格剛毅，力大無比**，說她能挽十力弓（六十公斤力，一百三十二磅，比一般男子戰弓的力道還大，現代反曲弓的入門拉力約三十磅），還說她喜歡穿男裝，女扮男裝。

十公主經常跟隨乾隆外出打獵，箭法精準，深得乾隆寵愛。清代後宮有一幅女子戎裝像，有人說是香妃，但有人認為是乾隆帝的十公主。

第三，十公主長相酷似父皇。其實，有一種說法，男孩子長得像母親，女孩子則更像父親。這樣說來，十公主長相酷似父親就沒什麼稀奇的，但別忘了，乾隆的母親甄嬛，女人男相。乾隆帝老來得女，歡喜不已，所以把十公主看作掌上明珠。他曾經這樣對十公主說：「**如果妳是男孩子的話，我一定把皇位傳給妳。**」我想，乾隆帝的這番話不是兒戲。十公主生於乾隆四十年，到乾隆帝去世，她剛好二十四歲，正是絕好的年齡。

這麼疼愛的十公主，乾隆帝會怎麼對待她的人生？

首先，破格封號。十公主的封號是固倫和孝公主，是她在十二歲時獲得的封號。按照大清家法，**只有皇后所生之女，才可以被封為固倫公主**（按：清太宗皇太極繼位後，規定中宮皇后所生之女封「固倫公主」，妃嬪所生之女封「和碩公主」），相當於親王；而妃嬪所生，至多封為公主，相當於郡王。十公主為惇妃所生，這封號確實是破例了。

其次，幼小指婚。乾隆四十五年，十公主剛六歲，乾隆帝就幫她指婚了，男方是他最寵信的大臣和珅之子豐紳殷德。這是乾隆帝最大的恩賜了。惇妃對乾隆帝的安排，也是倍感欣慰，因為她認為她們的前景一片美好。

十公主十五歲時，如期下嫁豐紳殷德。乾隆帝給予最豐厚的嫁妝，讓公主風光出嫁。那麼，十公主真的如乾隆帝所願，出嫁之後過了遂心如意的生活嗎？事與願違，十公主非常失望和傷心：

一是公公太貪心。十公主一嫁進和府，看到的滿眼浮華，簡直比皇宮還要富有，就預感到不幸的將來。

二是丈夫不爭氣。豐紳殷德非常貪玩，而且墮落不堪，貪好女色。

果然不出所料，乾隆帝一去世，嘉慶帝決心懲處權臣和珅，那麼，十公主會怎麼做？她急速趕往宮裡，求助哥哥嘉慶帝。嘉慶帝也深感為難，最終，嘉慶帝還是照顧了小妹十公主：保全和珅全屍，賜令自盡，否則定會斬首棄市；保全豐紳殷德，不然一樣會被連坐問斬；為生存，留給十公主夫婦府邸，保留最基本的資產。

慈禧專制誰不怕?大喜大悲公主不怕

慈禧專制的時代,有誰敢不怕她?幾乎沒有。可是,真有一位金枝玉葉,居然不怕慈禧,她就是榮壽固倫公主。

榮壽固倫公主(一八五四年至一九二四年),是清朝最後一位公主,但她既不是皇帝所生,也不是慈禧所生,而是一位王爺所生。這個王爺就是大名鼎鼎的恭親王奕訢,她是奕訢的長女。

榮壽公主很幸運,雖然出生在王府,待遇卻比皇宮裡的公主還高。皇宮裡的公主如果不是正宮嫡出,也只能被封為和碩公主。**這姑娘的父王恰逢絕好機會,幫助當時的皇太后慈禧發動宮廷政變,使慈禧獨攬大權**,垂簾聽政。慈禧還不感謝這個小叔子?怎麼感謝?

慈禧除了給恭親王高官厚祿外,對他的大女兒花費許多心思。首先,把這個孩子接進宮中撫養。慈禧說了,就好比我自己親生的一樣,由我來親自帶她,**慈禧成了她的養母**。其次,給她封號,封什麼最好?封公主,而且,讓包括奕訢在內的所有人都大吃一驚的是,封她為固倫公主。這真是讓人沒想到的事情——僅僅一個王爺所生,封為公主已經是皇恩浩蕩了,還被封為最高等級的固倫公主,慈禧也真是太重視了。不管怎麼樣,這個孩子就是沾了父王奕訢的光。

▲ 榮壽公主。不是固倫，就是和碩，這「榮壽」是什麼意思？

同時，這個公主也很不幸。不幸的原因有二。

其一，封號反覆改變。奕訢被重用，女兒糊里糊塗被封為固倫公主。可是，隨著奕訢與慈禧之間的矛盾加深，自己在宮中的地位也悄然發生變化，尤其是同治四年三月，奕訢遭到慈禧懲處，被除掉了議政王的頭銜，到九月，奕訢不得不來到宮裡，請求慈禧撤去女兒「固倫公主」的封號。

慈禧居然准奏了，改封為「榮壽公主」，既不是固倫公主，也不是和碩公主，處境很尷尬。後來，到光緒七年，榮壽公主再次被冠以「固倫公主」的封號。

其二，丈夫早亡。同治五年她年僅十二歲，**被慈禧指婚給了額駙志端，這個小夥子是榮壽公主親自選中的**。榮壽公主心裡很高興，總算可以出宮嫁人，過上自己想要的自由生活了。可是她沒有想到，僅僅嫁過去五年志端就死了，她不幸成為寡婦，而且年紀尚輕，才十七歲。

榮壽公主從小就經歷了大喜與大悲，她具有剛毅的性格，很堅強且獨立。除此之外，還敢於直言，敢於堅持真理。即使是在慈禧面前，她也是如此，被大家稱為不怕慈禧的大公主。我再舉幾個例子：

一是敢指責慈禧。大公主由於早年守寡，不喜歡穿華麗的衣服，但慈禧卻很喜歡。大公主就會直言說：「母后也一把年紀了，在穿衣方面要有分寸，不要太花俏，那樣不莊重。」慈禧很聽大公主的勸諫，不敢當著大公主的面穿太過花俏的衣服，即使有人進獻，她也是偷偷穿。

二是敢保護光緒和珍妃。大公主非常同情光緒帝的不幸處境，雖然她也無能為力。戊戌變法失敗，慈禧曾多次密謀要把光緒帝除掉，另換天子。

據說，某次慈禧發了大怒，要打死光緒帝，大公主匆忙趕來，跪著請求慈禧息怒。**慈禧聽從了大公主的勸告，把光緒帝軟禁在瀛臺**，珍妃也沒有被處死，而是被關了起來。

第2章

皇帝解決民生問題，哪些方式值得學習

1 感恩狗狗、讚嘆師父、花園煉丹、拜什麼鳥

在封建時代，毫無疑問，皇帝是公眾人物，萬人矚目。當帝王走進深宮後，也就消失在公眾眼前，人們非常好奇，帝王在深宮之中怎麼生活？他們是否有自己的信仰？是否有柴米油鹽、衣食住行之類的煩瑣事？我們依據前人留下的訊息，解開這些謎團。

首先從信仰談起。信仰往往能左右人生。那麼，清朝的皇帝是否有信仰？

以前女真人吃狗肉，為何清朝皇帝以狗至上？

清代，滿族這個少數民族有兩個明顯的信仰，一是不吃狗肉；二是饗（祭祀）鴉雀。這是為什麼？

先說不吃狗肉。在清代，關於滿族不吃狗肉，大致有幾種說法：

一是感恩說。有一種說法是罕王（即「汗王」，罕王，特指努爾哈赤）努爾哈赤腳上有

紅痣，被明遼東總兵李成梁所忌，欲殺之。努爾哈赤在李成梁小妾的幫助下，騎青馬帶犬逃出，明兵隨後追來，射殺青馬，努爾哈赤逃入河邊蘆葦中，因過度疲勞而睡去。明兵找不到努爾哈赤，就放火燒荒，那狗見罕王不醒，就跳到河中浸透全身，再跑到他身邊，把葦草弄溼。狗反覆這樣做，罕王得救，而狗累死。罕王發誓，再也不吃狗肉。

另一種說法是薩爾滸（現今遼寧省撫順市）之戰明軍大敗後，罕王努爾哈赤大宴群臣將士，其叔龍敦早有篡權野心，乘機將罕王灌醉後送回大帳。龍敦見罕王大醉，而周圍又無人，拔鋼刀欲殺之。此時，罕王養的一條大黃狗，忽然竄到帳內，先咬醒罕王，再向龍敦撲去，咬傷龍敦後，被龍敦所殺，但罕王已醒，很快殺死了龍敦，平定了叛亂。於是罕王厚葬了黃狗，並下令不准再吃狗肉、穿戴狗皮。

二是風俗說。這種觀點認為，滿族人在長期生活中形成了這種習慣。主要是那個時候的滿族人認為，狗對他們而言實在太重要了——看家護院、指引道路、保護主人等。不過，專家們考證滿洲人的前身——女真人是不是也不吃狗肉。結果恰恰相反，女真人的宴桌上有狗肉，既可以烤，又可以烹煮，還可以生吃。由於女真人吃狗肉，滿洲人不吃狗肉就不是一種流傳已久的風俗了（按：《餐桌上的中國史》〔大是出版〕指出，漢人原本吃狗肉，歷經胡人統治中原之後，唐朝開始不吃狗肉，元朝蒙古人更不吃狗，因此滿人變得不吃狗肉，或跟進入中原有關）。

三是圖騰說。有人認為，滿洲的《滿族大辭典》中描述：「狗是滿族氏族制時期圖騰

▲ 努爾哈赤之後，滿人不吃狗。

崇拜之動物，故部人不得服其皮，食其肉。」但是，這種說法也遭到質疑，有專家認為，如果說滿族忌食狗肉的風俗，源於氏族時期的圖騰崇拜，那不應該始於滿族，而應該始於滿族的祖先。**肅慎、勿吉、挹婁、女真分別是滿族的祖先在不同時代的稱呼**，女真之後改稱為滿洲，而女真人至少在阿骨打（完顏阿骨打）時期是吃狗肉的。所以，也不會到皇太極時期，就突然廢止已有的風俗。

說來說去，關於清代滿洲人不吃狗肉的說法尚無定論。常說東北人愛吃狗肉，其實應說東北漢人與朝鮮族愛吃狗。

接著來討論清代滿洲人「饗鴉雀」的習俗。在清代滿洲人建立的寺廟前面，甚至一些民宅前面，會看到索羅杆子，即滿族人在院內常年豎立的祭祀杆子，杆長六、七尺（一尺約等於三十三公分），頂端有一木斗，內盛五穀及其他食物，裝上豬的碎肉、下水（內臟）等物，以供烏鴉食用。據說，這是老罕王努爾哈赤遺留下來的習俗。

那麼，清朝滿洲為什麼饗鴉雀？

專家考證，鴉雀有指示方向的本能，牠們飛翔於高空之中，視野寬闊，按照牠們的指引，可以找到主人想要找的東西；鴉雀是黑色警報鳥，是喜神。

在寧古塔（現今俄羅斯海參崴一帶）流傳著一個神話：天神看人類一點也不懂得預防災患，就派沙克沙下界預報一些吉凶禍福。他投胎出生在一個老獵人家中，是一個半人半鵲的形象，並在喜鵲窩裡長大，終日和喜鵲為伴。他預報了洪水、瘟疫，使部落倖免於災難，他還識破耶魯里（相傳為滿族神話中的魔王）的迷魂陣，救出了族人，因而被滿族奉為喜神。**每逢添人進口、修建新房、久病得愈、出兵打仗平安回來，滿族都要祭喜神。**

所以，有專家認為，清代滿洲人的圖騰不是狗，而是鴉雀。

▲ 順治帝書「敬佛」字。書法功力不俗。

順治帝總是與佛結緣，夢想出家當和尚

清朝十二帝中，有一位帝王非常信佛，那就是順治帝。尤其是順治十八年八月十九日，他的寵妃董鄂妃病逝後，他萬念俱灰，吵著要出家當和尚，後來還傳出康熙帝三赴五臺山尋父的故事。故事講得繪聲繪影，非常吸引人。就連清東陵孝陵沒有被盜掘，也有人附會說，是因為順治帝出家當和尚，地宮是空的，因而沒有被盜掘。總之，**順治帝喜歡佛教已經達到了痴迷的程度，這究竟是為什麼？**

一是受其母后孝莊的影響。毫無疑問，孝莊出生在科爾沁蒙古的黃金家族，而這個家族的傳統是信奉佛教。孝莊的貼身侍女蘇麻喇姑終生信奉佛教，晚年患病嚴重都不肯服用藥物，就連康熙帝都不能說服她。這些人的佛教信仰，對順治帝有很深的影響。

二是順治帝有消極的厭世情緒。這種情緒的產生，和他的傀儡地位有關係。多爾袞（皇太極之弟）專制，把攬朝中大權，皇帝形同虛設，尤其後來傳出太后下嫁多爾袞的傳聞，讓少年天子無地自容。然而，身為皇帝卻也無力回天。在這種情況下，順治帝的消極情緒與日俱增，難免對佛教產生興趣。壓抑的環境迫使順治帝醉心佛教，藉以遠離現實。

三是大和尚的影響和引導。順治帝有很多朋友是大和尚，例如木陳道忞、憨璞性聰、

玉林琇等，這些人經常在他面前講一些佛教方面的知識，引起他極大的興趣。例如憨璞性聰對順治帝說：「皇上即是金輪王轉世，夙植大善根大智慧，天然種性，故信佛法，不化而自善，不學而自明，所以天下至尊也！」**這番話使得順治帝飄飄然**，對佛教心生嚮往，恨不得馬上出家當和尚。有一次他對老和尚說道：「朕想前身一定是僧人，所以一到佛寺，見僧家窗明几淨，就不願意再回到宮裡。要不是怕太后掛念，就要出家了。」順治帝說的是真心話。

四是受愛妃董鄂妃的影響。董鄂妃是對順治帝影響最大的人，他和這個女人一見鍾情。順治十三年，董鄂氏一入宮，便破例被封為妃子，在不到一個月的時間裡，又被迅速晉升為皇貴妃，真是集三千寵愛於一身。

關鍵是，董鄂妃信奉佛教，他們在一起研習琴棋書畫，更在一起談經論道，探討關於佛教的種種。順治帝覺得超然自得、太享受了。當董鄂妃病逝後，順治帝精神崩潰，痛不欲生。他親自為董鄂妃寫傳記，談到董鄂妃臨終之際，說是呼喊著佛號而去。這更讓他堅信，佛道是解救他超渡轉世的最好途徑。於是，順治帝堅定的剃了頭髮，做好出家當和尚的一切準備。

當然，順治帝的這個願望沒實現，他的母后孝莊極力攔阻，並請來大和尚玉林琇出面阻止。萬般無奈之下，順治帝蓄髮還俗。可是，在他的心中仍然嚮往佛界，對現實生活失去興趣。就在董鄂妃去世之後僅僅四個月，順治帝不幸染上了可怕的天花，於順治十八年正月初七病逝於養心殿，年僅二十四歲。

雍正帝信道教，長期吃「仙丹」害死自己

清朝皇帝中，雍正帝崇信道教，也很痴迷。大家一定很想知道，**為什麼精明的雍正帝會痴迷於道教**？我考證了一下，大概有三個原因：

一是迷惑他的父皇。康熙帝對皇子們爭奪儲位感到厭煩，可事與願違，還是形成了「九子奪嫡」的局面，這讓康熙帝大傷腦筋。雍正雖然對儲位大有想法，但是他韜光養晦，每日參經論道，研習道教的真諦，既增加知識，又給人一種與世無爭的感覺，**號稱「天下第一閒人」**。

二是乞求長生的心理。雍正帝喜歡道教很重要的一個原因，就是道教中「服用丹劑即能長生不老」的概念，他篤信道教長生不老之術，因而喜歡煉丹。

三是雍正相信道士能透過面相預知未來。雍正覬覦儲位已久，所以他和其他皇子一樣，**總是請道士預測面相**，例如他讓戴鐸（雍正在府邸時期的策士）赴福建上任途中，請道士算命預測一下前程，此事雖然做得很神祕，但還是留下歷史紀錄。

雍正帝崇信道教的行為，還不只這幾樁：

首先，訪求道士。雍正八年（一七三〇年）春天，雍正生了一場大病。為了治病，他命令百官大規模訪求名醫和術士。很快的，四川巡撫憲德寫摺子說，當地有個人叫龔倫，有長生之術，八十六歲時還得了個兒子。雍正立即諭令此人進宮，但此時龔倫卻死了。為此，雍正十分惋惜。浙江總督李衛密奏說，民間傳聞河南道士賈士芳有神仙之稱，特別推薦此人進京為皇上治病。

▲ 雍正帝道裝像。從秦到清，長生不老永遠可以騙得皇帝一愣一愣的。

賈士芳原是北京白雲觀道士，後來浪跡河南。賈士芳進宮初期，雍正還覺得治療挺見效，可後來他漸漸發現，賈士芳用按摩、咒語等方術控制了自己的健康。天子豈能任憑他人擺布，於是雍正下令將賈士芳斬首。

雍正雖然殺了賈士芳，但他並沒有因此對道士失去信任。據清宮檔案記載，雍正從鬧病到死去大約五年的時間裡，一直頻繁參加道教活動。此外，他還在主要宮殿安放道教的符印、符板，並在御花園（位紫禁城坤寧門以北）建了幾間房子，讓道士婁近垣等人居住。雍正甚至在蘇州幫道士訂做法衣，一次就是六十件。

其次，開始煉丹。一切準備就緒，**雍正帝在圓明園內開始祕密升火，大道士張太虛和王定乾被選入圓明園煉丹**。

清宮《活計檔》裡面透露了一些雍正煉丹的情況，最早的記載是在雍正八年。十一月十七日，內務府總管海望和太醫院院使劉勝芳一同傳令：「往圓明園秀清村送去桑柴七百五十公斤，白炭兩百公斤。」十二月初七，海望、劉勝芳傳令：「往圓明園秀清村送去口徑一尺八寸、高一尺五寸的鐵火盆罩一件，紅爐炭一百公斤。」十二月十五日，海望、劉勝芳和四執事侍李進忠一同傳令：「往圓明園秀清村送去礦銀十兩、黑炭五十公斤、好煤一百公斤。」十二月二十二日，海望和李進忠又一同傳令：「圓明園秀清村正在煉銀，要用白炭五百公斤、渣煤五百公斤。」

資料中提到的秀清村位於圓明園東南角，依山傍水，是一個進行祕密活動的好地方。資料記載，在一個多月的時間裡，往秀清村送的木柴、煤炭就有兩千多公斤。從《活計檔》中發現，從雍正八年到十三年這五年間，雍正帝先後下旨一百五十七次，向圓明園運送煉丹所需物品，其中光為煉丹用的煤炭就有兩百三十四噸，此外還有大量礦銀、紅銅、黑鉛、硫黃等礦產品。

最後，服食丹藥。雍正帝既然對丹藥抱有希望，便盡興享受丹藥的樂趣。當他吃了王定乾等煉的丹藥後，大感舒暢，覺得身心為之一爽，於是，大加賞賜道士。而且，雍正帝還把丹藥賞賜親近大臣。第一次在三月二十一日，內大臣海望交丹藥四匣，按雍正旨意，分別賞給署理大將軍查郎阿、副將張廣泗、參贊穆登、提督樊廷四位大臣。第二次在四月初一，內大臣海望交丹藥一盒，按雍正的旨意，用盒裝好賞賜給散秩大臣達奈。

毫無疑問，現代研究表明，煉丹所用的鉛、汞、硫、砷等礦物質都具有毒性，對大腦和五臟的傷害相當大。雍正帝長期服用這種有毒物質，嚴重危害他的健康。

根據《雍正起居注》記載，雍正十三年八月（一七三五年），雍正皇帝住在圓明園，八月十八日那天與大臣們商量處理少數民族事務，**八月二十日**召見寧古塔的幾位地方官員，第二天正常辦公，說明**這時他的身體仍然很好。但到了八月二十二日，他卻突然得病**，當天晚上，奄奄一息的雍正便宣布傳位給兒子乾隆。第二天即八月二十三日，雍正帝去世。

文殊菩薩「轉世」？乾隆愛扮菩薩

文殊菩薩為佛教四大菩薩之一，一般稱文殊師利菩薩，與普賢菩薩同為釋迦佛之脅侍（按：侍立在佛、菩薩等兩側，協助降妖或教化眾生的輔佐者）。文殊菩薩被稱為智慧之佛；文殊菩薩所乘之坐騎獅子，又象徵威猛和法力無邊，所以，文殊菩薩是智謀與威武相結合的化身。

乾隆皇帝與文殊菩薩有著很深的淵源。相傳，康熙五十年八月十三日傍晚，雍親王胤禛打獵回來，在山裡隱隱約約見到一頭獅子，背上騎著一個穿兜肚的小孩。雍親王一恍

▲ 乾隆帝扮文殊唐卡（畫在布幔或紙上的畫像）。

神，只見眼前一片金光，小孩和獅子就轉眼不見了。雍親王來到府邸，只見一個小太監前來報喜，說福晉生了個小胖子。胤禛大喜，前去觀看，不禁大吃一驚，這個孩子和剛才看到那個騎獅子的小孩，長得一模一樣，太神奇了。這件事很快就傳開，人們紛紛說這是佛光普照，騎獅子的正是文殊菩薩，那個小孩一定是文殊菩薩轉世。

而這個孩子，正是胤禛的第四個兒子弘曆，也就是後來的乾隆，從此，乾隆是文殊菩薩轉世的說法不脛而走，**乾隆即位後，更是被稱為「文殊菩薩大皇帝」**。

乾隆帝非常喜歡這個稱呼，我想，這主要是替他蒙上一層神祕的面紗，和文殊菩薩沾上邊，就不是一個普通的帝王了。所以，乾隆極力把自己打扮成文殊菩薩。

例如，乾隆一生有多幅佛裝畫像，把自己打扮成文殊菩薩。資畫面正中間的乾隆帝面目清秀、留鬚，雙目凝視觀者，反映出內心的安詳。頭戴班智達帽（西藏僧侶的僧帽），身著僧衣，右手結說法印，左手結禪定印，上托法輪，全跏趺坐於蓮花托須彌座上。最上方表現其修行本尊的三座壇城。第二層正中為上師三世章嘉，章嘉小像的左右兩側分別描繪出諸佛菩薩。乾隆像背光四周環以藏傳佛教歷代先師，空檔處填繪繁密的花朵及花枝。座下兩側集結著以空行母、金剛亥母為主的佛母、菩薩等諸神。

乾隆帝一生曾參拜五臺山六次，只因為五臺山是文殊菩薩的作法道場，五臺山距離北京三百五十公里。乾隆十一年（一七四六年）九月下旬，他陪著母后甄嬛第一次瞻禮五臺山，於菩薩頂建醮講經，並朝拜中臺、西臺，賞賜羅睺寺、顯通寺、塔院寺、殊像寺、碧山寺等。乾隆十五年（一七五〇年）二月，他再次陪著母后甄嬛瞻禮五臺山，又於菩薩頂焚香禮拜，瞻謁金容，為皇太后祈福安寧。乾隆二十六年（一七六一年）二月，他第三次陪著母后甄嬛拜謁五臺山，為皇太后七十大壽，詣顯通寺拈香禮拜，祈禱皇太后祝壽無疆。

這些行為雖旨在宣揚孝道，康福長壽，最關鍵的是表達自己和文殊菩薩的關係。母后甄嬛去世後，乾隆帝於乾隆四十六年二月、五十一年二月、五十七年二月，三次西巡五臺山，躬謁金容，朝拜菩薩，進一步確立自己是文殊菩薩大皇帝的至高地位。

而避暑山莊（距離北京二百二十公里）與乾隆關係太緊密了，那是他出生的地方，他的父親胤禛就是在那裡，看到那個騎獅子的小孩。所以，乾隆帝在避暑山莊修建了兩座意義非凡的寺廟：殊像寺和普寧寺。普寧寺建於乾隆二十年，這年五月，清政府平定厄魯特蒙古準噶爾部達瓦奇的叛亂，十月，乾隆帝再建普寧寺，寺內供奉乾隆扮文殊菩薩像；殊像寺建於乾隆三十九年，主殿供奉的文殊菩薩像，就是仿乾隆帝的容貌塑造，以表現乾隆帝與文殊菩薩之間的淵源。

清東陵裕陵地宮中的文殊菩薩雕像，在第一道石門的東扇門，頭頂蓮花佛冠，下半身穿羊腸大裙，身披隨風飄舞的長巾，雙手掐西番蓮，右手托寶劍，能驅除邪惡，左手托起經卷，象徵智慧無窮，佛法無邊。

乾隆帝終身追求的，就是要成為這樣的文殊菩薩大皇帝，他希望有朝一日，自己能夠成為真正的文殊菩薩。

2 治不好就砍腦袋，御醫得有多厲害？

御醫進宮為皇帝和后妃診病，不僅待遇高，還會有很隆重的賞賜。同時，有過進宮當御醫的經歷，也會對他們大有好處，出去之後，在社會上令人仰慕，成為專家。可是，那些進宮的御醫也有吐不完的苦水。

太醫，是指封建社會中，專門為帝王、后妃等上層統治階級做醫療服務的醫生。清宮的**太醫院建於順治元年**，**有院長**，**五品**；副院長也叫左院判，六品；御醫，八品；下面還有吏目、醫士、醫生等，從九品，這些人待遇不一樣，但統稱為太醫，**有一百人左右**，**都是漢人**。

幫皇帝看病，表面看起來非常風光，外界認為肯定醫術高明，不然怎麼會被選為太醫。可是，這些人一旦成為太醫，不僅面臨著嚴峻的考驗，有時甚至面對生命的威脅。這些人還會被迫捲進政治鬥爭，所以御醫們總是提心吊膽的承應差事。

懸絲診脈？最好有這麼厲害

我舉幾個例子：談同治帝之死。同治帝在同治十三年十月三十日患病，太醫院院判李德立和御醫莊守和診斷的情況是：「是風瘟閉束，陰氣不足，不能外透之症，以致發熱頭眩，胸滿煩悶，身疼腿軟，皮膚發出疹形未透，有時氣堵作厥。」其實，這些**御醫早就看出來同治帝得的不是天花，而是梅毒**，但是，堂堂天子得梅毒，怎麼能夠說得出口，一定會被外人恥笑。所以御醫們

▲ 太醫院的藥架。御醫難說實話，形容詞都是真的，病名不見得真的。

很為難，不知道怎麼辦。

如果實話實說，慈禧肯定不會饒恕他們，說不定一發怒，還會殺了他們；但如果按照太后的說法，當作出天花來治療，一定會延誤病情。真是左右為難，整日心驚膽戰。最後，還是**慈禧說了算。慈禧說是出天花，太醫們就開出了治療天花的藥單**。

說光緒帝之死。宮中檔案記錄的死因很複雜，不外是光緒帝身體一向虛弱，有遺精腎虧之症，再加上風溼等，最後多病復發，六脈已絕而死。御醫杜鍾駿著有《德宗請脈記》傳世，其中有很詳盡的診脈紀錄，清楚記下他怎麼診脈，怎麼與光緒帝對話，怎麼和其他御醫商量，如何下藥等。從這件事來看，光緒帝是病逝的。可是，我們在其他史料發現，杜鍾駿沒說實話。

名醫屈桂庭在《診治光緒帝祕記》中，記載光緒死前三天「在床上亂滾」、「向我大叫，肚子痛得了不得」，且「面黑，舌焦黃」。很明顯，屈桂庭說的是實話。因為這種說法在後來的科學檢測中，得到了印證。近年來，研究部門透過原子螢光光度的高科技手段，對光緒帝的部分葬衣進行科學檢測，最終得出結論：**光緒帝死於砷中毒，也就是砒霜中毒**。二〇〇八年十一月三日，中國國家清史編纂委員會，在北京舉行光緒死因研究報告會，正式宣布光緒帝死於急性砒霜中毒，這個籠罩在人們心中的疑團終於被解開。

都說太醫看病難，此言不假。例如，**明令禁止使用針灸**，原因是皇上的龍體外露有失尊嚴。**不能坐著給皇帝診脈，得跪著診脈。不能讓皇帝伸出舌頭**看看舌苔，那樣有失帝王尊嚴。**不能問皇帝大小二便**如何，那也有失皇帝的威嚴。尤其是御醫們幫妃子們看病，**不能觸摸妃子們的手腕**，以免有傷風化，於是傳出懸絲診脈的故事：太醫只能把一根絲線由太監遞到掛著帷帳的房間裡，繫在妃子們的手腕上，另一頭放在屋外太醫的手裡，而負氣的妃子們常常把她們那頭綁在椅子上，想考考太醫能不能診出她們的病。

實際上繫與不繫都不能透過絲線切得脈象，太醫們只是做做樣子，演了一場秀。他們看病前早已千方百計的賄賂妃子們的貼身太監，把病情了解得一清二楚，此刻診脈，只是在靜思默想如何下藥而已。

慈禧喜歡「野大夫」

什麼叫「野大夫」？就是那些**民間的郎中**。慈禧作為一個大獨裁者，宮裡面聚集了那麼多御醫、太醫，又有專門的太醫院伺候她，為什麼喜歡民間的野大夫？

御醫們謹小慎微，俗話說「伴君如伴虎」，何況是喜怒無常的慈禧？一般來說，御醫們並不願意一輩子供職於太醫院，不知道什麼時候就會招來殺身之禍。我們看電視劇《大宅門》時，有一幕白家老大幫王爺府的格格看病，一摸是喜脈，實話實說了，結果，人家格格還沒出嫁，白家老大嚇得趕緊逃離京師，不然會死無葬身之處。宮裡的御醫更是如此，不僅需要高超精湛的醫術，更需要眼觀六路、八面玲瓏的處世能力；否則，就會惹禍上身。所以慈禧生病，不會對御醫抱太大的希望。

慈禧作為一個垂簾聽政的太后，大權獨攬、國事紛繁，經常著急上火，因此她的身體有很多毛病，尤其她還是女人，生過孩子，比男人生病的機率更大。像慈禧從年輕時就腸胃不適，雖然御醫們想盡辦法，治療效果始終不佳。

光緒二十六年八國聯軍，慈禧西逃一路艱辛，再加上性格著急上火，年事也高，老毛病又犯了。御醫診斷：「腹脹、陣發性腹痛、食欲不振，七八日不解大便、小便黃少；午後發熱、口渴喜冷飲、身上發冷。」可是他們束手無策。慈禧下令在西安尋找名醫，結果找來一個叫劉天定的鄉下大夫給慈禧看病。

診斷過程中，劉天定診脈後想看看舌苔，太監罵劉天定大膽。幸虧慈禧明智，為了治病不得不看。所以，劉天定看到了慈禧真正的病情：「舌質紫紅少津、舌苔乾黑且有裂紋」，於是對症下藥，當天見效，半夜排黑色乾便一次，五更排稀水便一次，次日清晨發熱、腹脹減輕，三天後，慈禧痊癒。

慈禧有難言之隱時，更不希望御醫來診治，以防消息外洩。光緒八年，慈安已經去世一年多了，慈禧在宮中已經沒有人能夠約束她，她寂寞難耐，於是像皇帝一樣招來男寵廝混，結果懷孕了。怎麼辦？一個寡婦懷孕，傳出去還了得？這種事也不好叫御醫來處理。好事不出門，壞事傳千里，慈禧決定不用宮裡的御醫。

於是，心腹大臣李鴻章向她推薦了江南名醫薛福辰。薛福辰個性精明，他一想就知

▲ 慈禧西逃，逃到 1,084 公里外的西安。

道，一定不是普通之病。他幫慈禧診脈，就更加肯定慈禧懷孕了。聰明的薛福辰建議慈禧用「清瘀活血，行氣通絡」之法，必然奏效。慈禧一聽，覺得薛福辰明白了她的症狀，便同意了他的建議。薛福辰趕忙出宮外，**親自配了一服墮胎藥，讓慈禧服下**，藥到病除。這件事在野史中廣為流傳，言之鑿鑿，我覺得是有可能的。**慈禧二十七歲守寡**，後來垂簾聽政，大權獨攬，宛如皇帝一般，以她的個性，發生一點這樣的事也正常。

當然，慈禧需要宮外名醫的最大目的，還是出於對美容養顏的需要。她認為御醫們做不好這些事，有時她甚至喜歡自己親自動手。例如製作胭脂，她就是自己親自挑選玫瑰花瓣，親自指導如何調配等。顯然的，御醫們對於她的皮膚和臉部保養、頭髮護理、牙齒保健等，未必都盡如人意。

有人向她推薦蘇州名醫曹滄洲，曹大夫認為慈禧的病症，多半源於工作壓力太大，心情不好，體內氣血阻滯，於是他獻給慈禧兩個方子：一是三錢蘿蔔籽的藥湯，通便順氣，調理慈禧的氣血阻滯；二是松仁粽子糖，由多味中藥製成，可以清痰潤肺、健腦強身，對身體虛弱的慈禧有很好的療效，而且清爽可口。慈禧接受了曹滄洲的這兩個方

▲ 康熙帝從不吃補。

子，效果很好，不僅體內鬱積之症得到了緩解，還改善氣色，達到標本兼治的效果。

與御醫比賽的康熙、雍正、光緒

清朝的帝王，在醫學治療方面大都自以為是。康熙帝就非常有自信，他認為自己見多識廣，看的書也多，經歷的事也多。我舉幾個例子。

康熙帝對補藥有自己的見解，他認為北方人吃補藥沒用。當大臣赫世亨向他進奉補藥時，康熙帝說：「我從來不吃補藥，我勸你也別吃；補藥對身體一點好處都沒有，你吃完補藥後，身體有改善嗎？」赫世亨說沒有，康熙帝說：「吃補藥，就好比那些小人說些奉承的話一樣，聽著好聽，實際上一點好處也沒有。」康熙帝為此曾嚴厲批評他的皇八子胤禩，說他沒事經常吃補藥，結果越補越糟。就連赫世亨也是一樣，鬧了毛病不吃藥，反而吃補藥，結果是病上加病，最終還是聽了康熙帝的話，停止吃補藥而吃治病的藥。

康熙四十四年八月，康熙帝在外出巡，這時宮裡傳來不好的消息，蘇麻喇姑病重，便血不止。康熙帝十分著急，他馬上指示宮裡治療，並且親自開了藥方：用藥材西伯噶古納加上白煮雞湯，摻在一起喝下。但令人意想不到的是，這個對康熙帝百依百順的蘇麻喇姑，這時居然抗旨不遵，堅決不肯吃藥。康熙帝沒有責怪蘇麻喇姑，因為這是她多年的習慣，有病從來不吃藥，就這樣，這年的九月初七，她走完了人生。

雍正帝也一樣，他自認精通醫理，為自己找到了長生不老的祕訣——吃丹藥。他找來很多大道士在圓明園煉丹，一時之間，圓明園餘煙裊裊、仙氣翩翩。雍正帝還悠然寫下《燒丹詩》，描述道士們燒煉長生不老丹劑的情景。雍正帝非常相信吃丹劑能夠長生不老，所以，他不停的吃，反覆吃，還賞給那些非常得寵的大臣吃。然而這些丹劑裡面有大量的鉛和錫，都是毒素，會置人於死地。專家考證，雍正帝極有可能是死於鉛中毒。

光緒帝是一位聰明的帝王，他對自己的身體非常了解，當御醫給他開藥卻總是不見效時，他似乎明白了一切，而且，各種御醫紛沓而來，讓光緒帝非常心煩。於是，光緒帝不耐煩的斥責御醫：「你們沒有對症下藥！」言外之意，你們不是在救我，而是在害我。但有什麼用？光緒帝無能為力，他完全被控制住了，最終還是被砒霜毒死了。

帝王們為什麼要自以為是的對御醫指手畫腳？我想有兩個原因：一是告誡御醫不要糊弄皇帝，我懂，你騙不了我；二是御醫不便深入診脈皇帝，皇帝不得不下功夫自己研究。但是，這些帝王們由於不是專業大夫，也會害了自己。例如慈禧，她的兒子同治帝明明得的是梅毒，她無法區分，就認定是天花，結果害死了親生兒子。

3 康熙、乾隆的養生之道，有對照組

高高在上的帝王、后妃們，都在尋找各種長壽的祕訣，無論吃的還是鍛鍊的，都是他們追逐的目標。在清朝帝王中，確實有兩位帝王歸納出「長壽祕訣」，看起來效果不錯，直到今天還有借鑑作用。

康熙帝討厭補品、不吸菸，靠養心

康熙帝非常聰明，他有一些養生之道，我把他的養生之道總結一下，供人參考。

第一，飲食有度。俗話說「病從口入」，好多病確實都是吃出來的，例如心血管疾病就與飲食習慣大有關聯。康熙帝對飲食很講究：

不喝白酒。康熙帝**從來不喝白酒**，他認為喝白酒對身體有害。**但康熙帝喜歡喝葡萄酒**。大概是康熙四十七年廢太子後，康熙帝時常出現心悸的毛病，而且容易站不穩、手顫抖。中醫調理不見效果，便有人向他推薦了葡萄酒。剛開始，他很不習慣，但每日堅持一小杯，效果很好，他的那些毛病逐漸好轉。

飲食清淡。滿洲人喜歡吃又油又肥的豬肉，康熙帝認為那樣對身體不好，於是，他主張多吃時令的蔬菜，例如黃瓜、茄子、蘿蔔等。

少量多餐。**康熙帝不主張吃得很飽**，尤其是高齡之人。他說千萬不要吃飽，要少量多餐，對身體才好。

第二，養成好的生活習慣。康熙帝認為，一個好的生活習慣很重要，直接影響人的身心健康。康熙帝從不吸菸，吸菸有害健康。為了禁菸，康熙帝想了個辦法。

有一天他上朝，賞給兩個最喜歡吸菸的大臣菸嘴。這兩個大臣聽說皇帝賞菸嘴，那一定好得不得了。兩人接過康熙帝賞賜的菸嘴一看，果然棒極了，是水晶材質。不過有點問題，看上去和普通菸嘴構造不同。康熙帝說：「你們試一試，看看怎麼樣？」兩人一試，結果菸火立即燒到嘴

▲ 康熙帝書「壽」字。他的書法拍賣底價可達人民幣 80 至 120 萬元。

唇。兩人急忙吐出來，康熙帝看了哈哈大笑，立即下旨，要求天下禁止吸菸。

不用補品。**康熙帝學貫中西，對中國人喜歡的補品不以為然，尤其不喜歡喝人參湯**。有一個故事：太醫孫斯百為了使康熙帝身體恢復元氣，便開了帶有人參的補品，康熙帝服下後，浮躁不已，身體發出虛汗。康熙帝也稍懂醫理，他感覺不對，一定是服用了人參，便叫來孫斯百，果然不出所料。於是，康熙帝大怒，要處死孫斯百，最後從寬免死，打了二十大板，並下旨要求其永遠不許行醫。

不亂練功。康熙帝晚年多病，有人建議他練練氣功，對身體有好處，但他認為氣功不一定適合所有的人，弄不好還會走火入魔，他試了兩次，覺得不適用，所以沒有繼續練。

第三，穿衣要得體。康熙帝認為穿衣服也很重要，對養生有一定的意義。他認為每個人穿衣服一定要得體——不要太華麗。華麗的衣服使人浮躁，對身心不一定有好處；穿衣時要配合季節。康熙帝認為冬季穿衣，寧可多穿，不要少穿。他還講了道理，說穿得少，變得美麗動人，但會很冷，這樣出門的時候就容易感冒，影響身體健康。

第四，養生要養心。康熙帝認為養生之道重在養心。首先，要心地善良，不要心懷險惡；其次，要清心寡欲，不要心浮氣躁，欲望是萬惡之源；最後，要有喜悅之心，千萬不要愁眉不展，要每天高高興興，這樣做能幫助養生。

這些祕訣對於康熙帝的身心健康很有作用，如果不是國事紛繁和廢太子的影響、被人暗中「下毒」（雍正幹的，但此說還有爭議），康熙帝會非常長壽，但六十八歲在當時也算高壽了。可惜，他作為帝王遇到了各種麻煩，極度影響他的身心健康。

乾隆帝的「長壽祕訣」

乾隆號稱「十全老人」、「古稀天子」，俗話說「人活七十古來稀」，乾隆帝活到八十九歲，這在中國古代帝王中僅此一例。大家想想，皇帝長壽很不容易，妃嬪成群傷身體、國事紛繁傷腦筋、飲食隨意傷腸胃。可是，乾隆皇帝絲毫未受影響，成了中國最長壽的帝王。那麼，他有什麼妙方？

一、牢記祕訣。

乾隆帝秉承御醫總結的十二字方針：「**吐納肺腑、活動筋骨、適時進補**。」他尤其對後四個字加以重視，並且堅持不懈，努力實現。

「**十常**」：齒常叩，經常叩打牙齒，健康臉部肌肉，防止牙齒鬆動；津常咽，經常咽吐沫，有利生津，有利腸胃；耳常彈，經常彈彈耳朵，有利聽覺神經健康；鼻常揉，經常揉鼻子，能使嗅覺靈敏，並可有效預防感冒；睛常運，經常運轉眼睛，對提高智商、反應靈活有利，當然視神經也會保持健康；面常搓，可以緩解臉部衰老，緩解過度疲勞；足常摩，按摩腳心，當然起到足療的效果；腹常旋，經常按摩小腹，對腸胃、對減肥有一定效果；肢常伸，經常做四肢伸展運動，既放鬆，又緩解疲勞；肛常提，經常做提肛運動，可以有效預防痔瘡，還可以預防便祕、頻尿、尿失禁等疾患。

「四勿」：食勿言、臥勿語、飲勿醉、色勿迷。這四勿雖然聽起來簡單，但每個人不一定都能做到。例如「食勿言」，吃飯的時候不說話，有誰能做到？做到了一次，又有誰能夠堅持下去？例如「臥勿語」，躺下之後就不說話，有誰能做到？尤其是遇到了老同學、老戰友，會一聊到天亮。至於「飲勿醉」，現代人更是極難做到，好多年輕人由於壓力大，經常會一醉方休。乾隆帝的「四勿」看來要有毅力才可以行之有效。

二、注意飲食。

乾隆帝喜歡燕窩，因為燕窩具有養陰、潤燥、益氣、補中、養顏五大功效。一年四季中，乾隆帝每膳前必先吃一碗冰糖燉燕窩。在早晚兩次正膳中，也常有燕窩菜，即燕窩紅白鴨子、燕窩炒雞絲、燕窩拌白菜、燕窩白菜滑溜雞鴨等。

他還注意用鹿肉滋補身體，喜食鹿肉。中老年後，他幾乎天天以鹿肉進補，保持體力精壯。乾隆帝並不是像晚清風流天子咸豐帝那樣，一味喝鹿血壯陽。乾隆帝喜歡吃鹿肉，來滋補腎陰，而不是簡單壯陽。而且，鹿的部位不一樣，功用各異；烹調的方式不一樣，作用也會有所差別。

▲乾隆帝蕉葉寫經。

乾隆帝最注重的就是配合節氣適當調節飲食，他認為這樣有益無害。如春季吃榆錢（榆樹的果實，串形圓薄如錢幣）餑餑、榆錢糕、榆錢餅；端午節吃粽子，重陽節吃花糕等。

他注意以粗補細，以野補身，例如百姓常吃的炒鮮豌豆、芥菜纓、酸黃瓜、酸韭菜等，都適量進食。

三、控制房事。

皇帝有三宮六院七十二妃嬪，普天之下的女人皇帝都可以占用。選秀女不就是這個用意嗎？女孩子不經過皇帝驗看不可以出嫁。所以，皇帝的女人沒有人數限制。那麼，這就要看皇帝怎麼控制自己了；否則，會縱欲過度身亡。乾隆帝就十分注重這一點。

我們從乾隆帝規律的生育次數，就能看出這一點。乾隆帝第一次生育是在他十七歲時，而最後一次生育是在乾隆四十年，那一年他六十五歲了。在這段時間裡，乾隆帝的生育很有規律。精力充沛時，他會多生，例如二十歲、三十六歲、四十二歲、四十五歲、四十七歲時，他都生育了兩個孩子，說明他在這些年分頻繁接納妃嬪。當年近花甲之時，乾隆帝則有意識控制房事，因而從乾隆三十一年他五十六歲後，基本上就不再生育。

之後過了十年，才在乾隆四十年，完成了他最後一次生育，因為他遇到他最喜愛的惇妃，為他生育了最喜愛的小女兒十公主。

乾隆帝的這些祕訣和方法確實奏效，他以八十九歲的高壽，創造帝王高壽的奇蹟。

不學乾隆，貴為皇帝的短命鬼

宮廷和民間沒有什麼區別，有長壽的老壽星，例如乾隆帝母子，他們都活了八十多歲，之前講過的後宮三位老壽星：康熙帝的定妃活了九十七歲，雍正帝的純懿皇貴妃活了九十六歲，乾隆帝的婉貴妃活了九十二歲。可是，這畢竟是少數；大多數後宮中的妃嬪，包括她們的子女都比較短壽，有的甚至比老百姓還短壽。

我整理了一下，大致有以下幾種情況：

第2章：皇帝解決民生問題，哪些方式值得學習

一、帝王早逝。

帝王早逝分多種情況。有縱欲過度，英年早逝的，咸豐帝當屬此類。他即位之初，奮發向上，勤政務實，兢兢業業。可當內憂外患而一籌莫展之時，他就開始墮落，不知愛惜自己的身體。市井傳聞他有「四春之寵」，並說他曾勾引他人之妻，鬧出許多笑話。他每日「以醇酒和美婦自戕」，每飲必醉，每醉必有婦人遭殃；常年以鹿血補陽，越補越虧，最終咳血而亡，年僅三十一歲。

也有氣大傷身的。皇太極身體素壯，膀大腰圓，看上去就是個壯漢。雖然當時戰事不斷，但他的身體居然有些發胖，尤其是努爾哈赤死後，繼承了汗位。

皇太極的脾氣很差，是經歷史認證的。崇德六年（一六四一年）四月，清軍圍攻錦州時，宗室王公濟爾哈朗、阿濟格、多鐸等竟然不堅守陣地，到離城很遠的地方去打獵，致使明軍抓住有利時機，不斷向錦州城內運送糧餉，以供急需。這件事說白了就是將帥臨陣脫離職守，喪失作戰良機。皇太極聞報後勃然大怒，於是，賭氣的下發三不准諭旨，即這些人不准入城、不准入衙門、不准入大清門。

這其實就有些過分了。「三不准」雖然懲儆了王公，卻延誤了政務，使得衙門公務無法正常進行。犯錯的王公自己不敢向皇太極認錯，拜託德高位重的范文程說情。范文程受人之託，便上奏皇太極，要求網開一面，並明說對這些皇室貴冑說說就算了，不必太過認

真。可皇太極就是不允許其進入大清門，嘔氣近半個多月才雲開霧散。

還有很多類似的情況發生在皇太極身上，讓他發很大的火、生長時間的氣，使身體狀況每況愈下，尤其是心臟。加上寵愛的宸妃死去，他過於悲傷，這些致命的痼疾其實早已潛伏在他的體內。為了排解他的鬱氣，崇德八年（一六四三年）四月初六，朝廷曾派人向常住瀋陽的朝鮮國王之子求藥，以解除皇太極的悶煩、熱燥和痰症，朝鮮國王為之進奉了竹湯。但是，由於他脾氣壞，遇事愛動怒，又患上了出鼻血的病症，有時數天不止。

崇德八年八月初九，皇太極處理完一切政務後，在清寧宮南炕上端坐而終，史稱他「無疾而終」，終年五十二歲。其實，他是積勞成疾、氣滯腑臟，中風而亡。關於皇太極暴死，史界頗有爭議，有待史家從醫學的角度展開更深層次的探討。

還有煉丹傷命的。雍正帝為求長生不老，當皇子時就寫過一首《燒丹詩》：「鉛砂和藥物，松柏繞雲壇。爐運陰陽火，功兼內外丹。」從雍正四年開始，他吃一種稱為「既濟丹」的丹劑，其中含有鉛、汞、硫、砷等有害物質。雍正帝迷信道仙，遍訪天下道士，先後有賈士芳、婁近垣、張太虛、王定乾等人。從雍正八年始，雍正帝在圓明園南角的香清村大煉丹藥，自此一發不可收拾。最後雍正帝，因服用大量的丹劑，於雍正十三年八月暴崩於圓明園，終年五十八歲。

另外有得天花的。天花是一種傳染性強的病，清朝皇帝中，順治帝福臨和同治帝載淳都被記載為出天花而亡。天花發病極快，從同治帝的發病期看，自同治十三年十月三十日到十二月初五駕崩，前後歷時僅三十七天，同治帝去世時年僅十九歲，是清朝最短壽的帝王。御醫們使出渾身解數，也保不住他的性命（前已述及，同治可能得的是性病）。所以，清廷在選擇嗣君時，把是否出過天花作為選擇的重要標準。順治帝第三子玄燁就是因為出過天花，具有了免疫力，才得以順利繼承大統。

最後一種為有暴斃而亡的。清朝皇帝很多人突然死亡，有皇太極暴斃，說他沒有病，坐著就死了；康熙帝暴斃，本來感冒好了，卻在不知不覺中突然去世；雍正帝暴斃，僅僅

▲ 同治帝像。

兩天的病情就突然離世；嘉慶帝暴斃，七月二十四日中暑，第二天就突然去世。宮闈祕聞，外人無從知曉，但帝王暴斃，終究是人們非常關注的話題。

二、后妃早逝。

這也有多種情況。有心有愁緒而早殤的。大家知道，心情舒暢會健康長壽，而后妃卻往往不能心情舒暢。她們因為種種原因而愁緒滿懷。後宮中這樣的女子很多，她們常常因事不如意，心中抑鬱，很早就離開人世。如皇太極的宸妃，婚後十分得寵，崇德二年生有皇八子。皇太極十分喜愛這個孩子，決定立為皇太子，在大政殿舉行隆重儀式宴請百官，詔告天下。誰知此子命薄，不足七個月而亡。宸妃從此抑鬱成疾，四年後死去，年僅三十三歲。

順治帝的董鄂妃和宸妃一樣，屢蒙晉封位號，生下了一個皇子。順治帝本想立為皇儲，可惜此子只活了三個月就夭折。董鄂妃遭受打擊，三年後死去，年僅二十二歲。孝賢純皇后是乾隆的正宮皇后，乾隆十分寵愛。雍正八年，她生下皇二子永璉，因為係嫡出，後來被立為皇太子，但只活到九歲就去世了。乾隆十一年，孝賢再生皇七子永琮，乾隆又有意立為太子，不料還未滿兩週歲又殤逝。孝賢純皇后從此憂鬱成疾，三個月後死在出巡途中，年僅三十七歲。

有遭到冷落而死的。這種情況有兩個人。一個是康熙帝的良妃衛氏，她由於出身卑賤，雖然生了一個優秀的皇八子胤禩，但還是不被康熙帝看重。康熙帝時時把她的出身放在嘴邊，甚至用衛氏的出身刺激胤禩，導致良妃出現輕生的念頭，當她病重時，拒絕接受治療而身亡，年僅四十多歲。

另一個就是乾隆帝的烏喇那拉氏，她本來是高高在上的中宮皇后，但在乾隆三十年與令妃的宮鬥中被令妃打敗，後來打入冷宮。那拉氏在冷宮中只活了一年多就去世了，終年四十九歲。

也有被害死的。這種情況的后妃有兩位。一個是努爾哈赤的大妃阿巴亥，天命十一年八月，努爾哈赤病逝，第二天大妃阿巴亥被逼殉葬，年僅三十七歲，屬於被害身亡。以她的生育狀況和身分，不適合具實殉葬，她是宮廷鬥爭的犧牲品，明代廢了活人殉葬，清代又開始，順治過世時有三十多人殉葬，康熙時廢掉。另一位就是光緒帝的珍妃，這個女人由於遭到慈禧嫉恨，在光緒二十六年七月被殘忍的投入井中淹死，年僅二十四歲。

還有神祕暴斃的。這種情況的有三個人。一個是道光帝的孝全成皇后，在道光二十年正月十一日，在過春節時，暴斃宮中（被自殺），年僅三十三歲。一個是慈安太后，在光緒七年三月初十，暴斃於鍾粹宮中，終年四十五歲，死因可能是中風，也有人說是慈禧。一個是同治帝的皇后阿魯特氏，在同治帝去世七十五天後突然暴亡，年僅二十二歲，死因可能又是慈禧。

4 大清皇帝飲食超節制，再好吃也不准吃三次

帝王、后妃們平時吃些什麼？當然是天底下最高級的料理。究竟奢靡到什麼程度，我們很難憑空想像。清朝是一個少數民族建立起來的政權，他們的飲食很有民族特色，我們不妨依據歷史資料，走進清宮的御膳房。

要說皇家的膳食是美食大餐，一點也不假，他們每天的供應量，就讓你瞠目結舌。皇帝與后妃每日份為例：

- 皇帝：盤肉二十斤、湯肉五斤、豬油一斤、羊兩隻、雞五隻、鴨三隻，白菜、菠菜、香菜、芹菜、韭菜共十九斤，白蘿蔔、水蘿蔔（中國特產，紅皮蘿蔔下是玉白色的果肉）和胡蘿蔔共六十個，

▲ 御膳房的匾額。

包瓜（中國臨潁特產）、冬瓜各一個，苤藍（全株光滑無毛，呈球形或扁球形，外皮通常為淡綠色）、乾閉蕹菜（空心菜）各五個，蔥六斤，玉泉酒四兩，醬和清醬（醬油）各三斤，醋兩斤。早、晚膳餑餑八盤，每盤三十個，御茶房備乳茶（奶茶）等。皇帝用五十頭牛，得牛乳一百斤，玉泉水十二罐，乳油一斤，茶葉七十五包。

- 皇后：盤肉十六斤，菜肉十斤，雞鴨各一隻，白菜、香菜、芹菜共二十斤十三兩，水蘿蔔、胡蘿蔔共二十個，冬瓜一個，乾閉蕹菜五個，蔥兩斤，醬一斤八兩，清醬兩斤，醋一斤。早、晚膳餑餑四盤，每盤三十個，用乳牛二十五頭，每天得乳五十斤，每日用玉泉水十二罐，茶葉十包。
- 皇貴妃：盤肉八斤，菜肉四斤，每月雞、鴨十五隻。
- 貴妃：每日盤肉六斤，菜肉三斤八兩，每月雞、鴨各七隻。
- 妃：盤肉六斤，菜肉三斤，每月雞、鴨各五隻。
- 嬪：每位盤肉四斤八兩，菜肉兩斤，每月雞、鴨各五隻。
- 貴人：盤肉四斤，菜肉兩斤，每月鴨八隻。
- 常在：盤肉三斤八兩，菜肉一斤八兩，每月雞五隻。

而所需其他菜蔬則共同調配：每日共需白菜四十斤，香菜四兩，芹菜一斤，蔥五斤，水蘿蔔二十個，胡蘿蔔、苤藍、乾閉蕹菜各十個，冬瓜一個，醬、醋各三斤，清醬五斤。

此外，菜房備辦皇貴妃、貴妃每日用乳牛各四頭，得乳八斤；妃日用乳牛三頭，得乳六斤；嬪為乳牛兩頭，得乳四斤，以上各人每日用茶葉五包。貴人以下沒有乳牛，隨本宮主位賞用。這些皇帝、后妃們每日定額巨大，是普通人難以想像的。

以上只是其中的一部分，各種時令蔬果及進貢物品不包括在內，足見清宮內廷消費之巨。但我們可以推測，這些后妃們每日養尊處優，活動量極小，能吃多少東西？所以，她們**往往將剩餘之物精裝打包**，賞人了事。或上一級主位賞給下一級主位，或賞宮外王府、公主府，或賞太監、宮女，有時也賞外戚，而在禁城內值宿的官員，有時也可得到賞食。

餐餐滿漢全席？其實超節制

儘管是舉國供張（陳設供宴會用的帷帳），清朝皇帝並沒有被美食沖昏了頭，他們清醒得很，知道病從口入的道理，因此，**清朝皇帝制訂了非常合理的飲食制度**。

一是合理的膳食搭配。首先是平衡膳食。如乾隆帝野意酒膳中（鄉村風味的酒食），會吃高熱量的鹿肉，高蛋白的野鴨、雞肉，又有老虎菜（一種涼拌料理）、榆蘑（一種中藥），菜麵合一的包子、燙麵餃、炸盒子……這是一餐滋養清熱的「酒膳」（分量不多，相當於點心）。

其次是重佐餐。宮中稱為配盤小菜，如醃菜、芥菜纓兒、酸黃瓜、酸韭菜、葫蘆條、蜜山楂等。最後是重粥。粥有粳米粥、紅豆粥、小米粥、綠豆粥、大麥粥、黃米粥、百果粥、紫米粥、老米粥。最有名的為八珍粥，以小米、冬瓜皮、白扁豆、山藥、薏米、蓮子、人參為原料同煮而成，營養價值極高。

二是合理的膳食制度。定時，**清宮每日兩餐制**，早膳在卯時（五點到七點），晚膳在酉時前（下午五點到七點前），兩膳之間有一次點心，晚膳之後有一次酒膳。定量，康熙帝講過，「各人所不宜之物，知之即當永戒」，要求節制飲食。對於飲酒，康熙「平日膳後或年節筵宴之日只飲小杯一杯」。乾隆三十五年曾明確規定，宮廷筵宴時，每桌用**玉泉酒四兩（玉宗山泉水釀的酒），不得超量飲用**。

帝王們也會制訂飲食計畫，以乾隆帝為例，早晨空腹吃一碗「冰糖燕窩」，早晚各備葷素菜餚八品，佐餐小菜二品，餑餑、米膳四品，粥、湯各一品，共十六品。晚膳為酒膳，小菜四品，玉泉酒一杯。同時，還要隨季節更迭適當調整：秋末冬初，早、晚膳加兩個熱鍋菜；四月，換拌涼菜；六月至八月增涼拌藕、江米藕（又稱糯米蓮藕，一種涼菜）；冬三月則加鹿肉、羊肉；夏三伏，加綠豆粥、糊米粥。

不僅如此，清宮中的膳食還具有濃厚的滿族特色：

喜食野味。野菜類：各種山菜、菌；麅（音同「袍」）、鹿、野豬、野雞、鵪鶉；野果如榛子、松子等。

喜食雜糧。用米、麥、豆、高粱、玉米、糜子（黍類）做成各種美食。

喜食奶茶。清宮食奶量很大，皇帝及后妃每日有定額：皇帝日用五十頭牛交乳共一百斤，皇后日用二十五頭牛取乳五十斤，其餘遞減。製成的乳製品有奶皮子、奶卷、奶餅、奶酥油、奶餑餑（音同「剝」）。

喜食火鍋。**滿洲人對火鍋的鍾愛，源於其先世女真人**，而女真人喜食火鍋，則受一千多年前契丹人的影響。在滿洲，尤其是貴族人家，遇有喜慶、年節時都要吃火鍋，而在平時則不食用，視其為奢侈之物。

在清宮中，歷代帝王、后妃都愛火鍋。無論在文獻裡還是在清宮文物中，我們都發現了火鍋的影子。如現存於清東陵的清宮銀火鍋具，製作十分精美，在民間則很難看到金銀之器製作的鍋具，概以錫為之。據記載：「火鍋以錫為之，分上下層，高不及尺，中以紅銅為火筒，著炭，湯沸時，煮一切肉脯雞魚，其味無不鮮美。冬月居家，宴客常餐，多喜用之。」引文對火鍋形式、使

▲ 銀火鍋。

用方法及所涮之料都做了詳盡說明。

其實，我們在清宮千叟宴（大型敬老活動）中，就看到使用火鍋的記載。如乾隆六十年，以明歲丙辰，紀年周甲，於元旦舉行授受大典，改元嘉慶，決定於次年正月初四在皇極殿舉辦千叟宴，參與活動的人數達八千餘眾。在進饌時，分出一等桌和次等桌兩種，其中「一等桌用火鍋」，也就是說，在盛宴菜譜中以火鍋為核心，並將之記錄在檔。

喜食餃子、餑餑。餃子也稱「水點心」、「餛飩」、「餑餑」，是清宮帝王、后妃十分喜愛食用的麵食。餃子在民間十分普遍，最早見於唐代史料。明代稱之為餛飩，清代承之。

餃子之所以受青睞，與其名字有直接關係。「餃」與「交」諧音，取「歲更交子」之意，所以人們在除夕之夜，子時一到，都要放鞭炮、吃餃子辭舊迎新。而到正月初五，人們又要包餃子，其用意是將來年的破爛東西全部包住，盡納其中，將其吃掉，以求新的一年吉祥如意。皇家會在吃餃子時增加一些趣味活動，通常像民間一樣，在一鍋餃子之中挑幾顆，在裡面包小金銀錁（音同「克」）或寶石，誰吃到就意味著誰一年內將大吉大利。

不僅如此，清代帝王為了祈求代代延續、香火鼎旺，還要在**皇帝大婚時吃餃子，宮中稱為「子孫餑餑」**。這在清宮檔案中常有記載：同治十一年九月十五日，同治帝與皇后大婚，夫婦倆在洞房花燭之夜，先吃子孫餑餑，再吃長壽麵。皇帝吃餃子與一般百姓不同，要吃出氣勢。從食具（餐具）上，太監先端上配有蓋的彩色小瓷盆一個，內裝有不同皮、餡的餃子，再端上小瓷碗、小瓷碟數個，均彩繪「萬壽無疆」圖案，最後，端上銅製嵌琺瑯淺碗三個，分別盛南小菜、涼菜、醋。

資料記載，**御膳房的廚役煮餃子的時間，必須十分精確**，皇帝一到昭仁殿，餃子要剛好出鍋，熱氣騰騰的端上來。清宮規定，元旦前後，皇帝出門都要放鞭炮，聽炮聲之遠近，即可推測出皇帝的行止處所。

皇帝吃餃子從來不忘佛祖，所以，皇帝所吃的餃子與敬佛的餃子，要在同一鍋中煮出來。但敬佛必須用素餡，有長壽菜、金針菜、木耳、蘑菇、筍絲等餡。乾隆帝吃餃子之前，要先到欽安殿、天穹寶殿、奉先殿、坤寧宮等處佛像前拈香禱告，經過一系列繁文縟節後，直到淩晨三點忙完才能安心吃上餃子。

相傳光緒帝有遺精的毛病，吃了再多養精固本的藥也不見效，因此在每年正月初一，清宮都要格外關照皇帝。光緒帝也十分賣力，一次吃下二十顆餃子，其中有豬肉長壽菜餡十三個，豬肉菠菜餡七個。可是，儘管吃了這麼多的餃子，卻未能生出一男半女來。

清宮不僅皇帝、后妃吃餃子，太監、宮女、雜役等都要被賞吃餃子。如果哪位奴才被罰不許在正月初一吃餃子，那肯定是最嚴厲的處罰。不僅如此，皇帝或后妃們還會吩咐，在宮裡的牆邊、老鼠洞前，也放一些餃子，表示清宮的主子們恩澤天下、普渡眾生。

食量不大但精緻

清宮中還有很多鮮花食品。漂亮的鮮花不但是裝飾品，可供人觀賞，還可以做成各種食品、菜餚供人食用。清代宮廷就曾製作許多以鮮花調配的美味食品，尤其得到后妃們喜愛，有的還流傳至今。

菊花。用菊花調製的宮廷菜很多，其一是**「菊花火鍋」。做法是採摘白菊花一、兩朵**，將花朵上焦黃或曾沾過汙垢的花瓣剔除，再於溫水中漂洗十至二十分鐘，接著再放入溶有稀礬的溫水中漂洗。準備好盛有大半鍋原汁雞湯或肉湯的小暖鍋，和一碟盛有去掉皮骨的薄生魚片或生雞肉片，以及少許的醬、醋。打開鍋蓋，將魚片和雞肉片適量投入湯中，蓋鍋蓋蒸煮五、六分鐘，再掀開，將適量菊花瓣放入湯中，再蓋上鍋蓋約五分鐘，即成味道鮮美、清香可口的佳餚。

其二是「清蒸什錦豆腐」。需備物料為：豆腐八兩、口蘑（一種長在蒙古草原上的白色蘑菇）四錢、竹筍三個、木耳兩錢、菊花兩錢、蓮子二十粒、銀杏二十個、藕一兩、冬菜六錢、黃瓜一根、黃豆芽九兩、鮮薑兩錢、油六兩。做法是：在大鍋內倒入半鍋水，放進黃豆芽，煮三十分鐘，然後去掉豆芽，留湯備用。用泡發的木耳、蓮子、銀杏、冬菜、黃瓜等各切成條或絲狀。**菊花仍用開水泡十分鐘，洗淨後，切成長約三公分的細絲備用**。一切準備妥當後，在大碗內放入口蘑、竹筍、木耳、菊花、蓮子、銀杏、藕、冬菜、鮮薑、豆腐，最後倒進已調好的豆芽湯半碗，加入油和鹽，上籠用大火蒸三十分鐘，再用小火蒸三十分鐘，最後將黃瓜片仔細排列在豆腐上當作裝飾，趁熱食用。

玫瑰花，可做成玫瑰餅。清代每年農曆四月，宮廷大量採買玫瑰花，將其中鮮嫩、色美的**花瓣洗淨後晾乾，製成粉，再和以麵粉**，調入少量蜂蜜，做成餅，放入蒸籠中蒸，約半小時即成美味食品。另一種玫瑰食品是明宮元宵。元宵是一種流行食品，明宮元宵用糯米、細麵為皮，以核桃仁、白糖、玫瑰花為餡，甘甜爽口，清宮后妃喜食。

桂花，可做成芸豆卷。芸豆是豆科植物菜豆的種子，芸豆卷的做法是將一斤芸豆以水泡發，放入鍋中加水煮熟，待冷後搓成泥狀。取紅棗五兩，以水泡發，去核煮熟，趁熱加紅砂糖三兩、桂花適量，相拌成泥狀，最後，將芸豆泥與棗泥相間平鋪、卷成。另一種桂花食品是清宮元宵。它與明宮元宵的不同之處在於明用玫瑰花為餡，清用桂花、白糖、核桃仁、豆沙等為餡，爽口味甘。

玉蘭花，是清宮菜「金魚鴨掌」的重要佐料。其做法是將鴨掌放入鍋中，清水煮十五分鐘後取出，剔掉骨頭與掌心硬繭。將香料和玉蘭花放入其中混煮，清爽可口。

看到這裡，你是不是已經流口水了？

比起美食更看中食具，皇家美器雲集

乾隆帝說過，美食不如美器。精美迷人的食具、餐具確實讓人賞心悅目，會勾起人們的食欲。清宮廷的餐具追求美食與美器的和諧統一，透過精美而至尊、至榮、至崇的食具展現至高無上的皇權，給人高山仰止之感。所以，可以從御膳美器看出裝飾性、華貴性等特點。宮廷所用食器，多為金銀、玉石、象牙等高級質料，由專門作坊製作，瓷器則由江西景德鎮官窯特供。

清朝宮廷的精美食器，由清宮造辦處專門製作。造辦處是清宮製造皇家御用品的專門機構，康熙年間建於養心殿，又名養心殿造辦處。康熙三十年（一六九一年）移至慈寧宮以南，直至一九二四年末代皇帝溥儀出宮之前，造辦處為宮廷服務達兩百多年。造辦處由皇帝特派的內務府大臣管理，各類專業作坊先後有六十餘個，包括玻璃廠、匣裱作、琺瑯作、油木作、自鳴鐘處、如意館等。皇世精美絕倫的金銀器、琺瑯器、玉器等，都是由那裡設計並製造。那裡會聚了全國最優秀的工匠和製作藝術家，供職並服務於清朝宮廷。

至於清宮瓷器，則由專門的官窯燒造。最著名的當然是景德鎮官窯，那裡承辦著皇家的差使，燒造著最具皇家特色的宮廷美瓷。例如，光緒年間慈禧六十大壽時，景德鎮為慈禧燒造的「萬壽無疆」

▲ 皇帝專用飲酒器——金甌永固杯。

盤、碗、盅、杯，華麗、細膩，帶有濃郁的皇家氣息。

清代陶瓷藝術家唐英能文善畫，兼書法篆刻且又精通製瓷，瀋陽人，隸屬漢軍正白旗，一七二八年奉命任景德鎮督陶官，在職將近三十年，先後為雍正帝和乾隆帝兩朝皇帝燒製瓷器。由於唐英潛心鑽研陶務，並且身體力行，積累了豐富的製瓷經驗，由他監督燒製的瓷器無不精美，深受兩朝皇帝的賞識，因此，**乾隆年間的官窯也被人們稱為「唐窯」**。

在唐英的督辦下，**乾隆鬥彩（一種彩色瓷器裝飾工藝）瓷器外型變化多端**、裝飾富貴華麗、色彩絢麗繽紛；紋飾圖案多以纏枝蓮花、雙魚、靈芝等吉祥物組成，主要器型有碗、盤、瓶等。

清宮美食器具種類繁多，但都有專門帳目管理。以乾隆二十一年十一月初三《御膳房金銀玉器底檔》為例：金羹匙一件、金匙一件、金叉子一件、金鑲牙箸一雙；銀西洋熱水鍋二口、有蓋銀熱鍋二十三口、有蓋小銀熱鍋六口、無蓋銀熱鍋十口、銀鍋一口；銀鍋蓋一個、銀飯罐四件、有蓋銀桃子六件、銀鏇子四件；有蓋銀暖碗二十四件、銀蓋碗六件、銀鐘蓋五件、銀鏨花碗蓋二件；銀匙二件、銀羹匙十三件；半邊黑漆葫蘆一個、內盛銀碗六件、銀桶一件；內盛金鑲牙箸二雙、銀匙二件、烏木筷十雙；高麗布三塊、白紡絲一塊；黑漆葫蘆一個、內盛皮七寸碗二件、皮五寸碗二件、銀鑲裡皮茶碗十件；銀鑲裡五寸五分皮碗一件、銀鑲裡磬口三寸六分皮碗九件、銀鑲裡三寸皮碗二十二件；銀鑲裡皮碟十件、銀鑲裡皮套杯六件、皮三寸五分碟十件；漢玉鑲嵌紫檀銀羹匙、商絲銀匙、商絲銀叉子、商絲銀筷各二件（或二雙）；銀鑲裡葫蘆碗四十八件。銀鑲紅彩漆碗十六件。**以上各件，為乾隆帝一日餐具之用，而且也只是其中的一部分**。皇家美器雲集，由此可見一斑。

這裡再介紹一件康熙帝的寶物九龍玉杯。這個杯子太神奇了，冬暖夏涼，而且倒滿酒後，上面雕刻的九條龍會動起來。所以在康熙帝生前，此杯就被江洋大盜給盯上，還發生楊香武三盜九龍杯的故事。康熙帝死後，九龍玉杯葬進陵寢，景陵立刻被盜匪盯上了，也是因為這個九龍玉杯。

儘管清宮聚集了數不清的精美食器，但是，**清朝皇帝大都提倡簡樸，不尚奢華**。例如，順治帝雖然從小生活在皇宮，卻討厭太過浪費之人。他的第一位中宮皇后因為太過浪費，吃飯的時候不是金銀器就會發脾氣、摔食器，就被順治帝以此為理由而廢掉。再如乾隆帝孝賢純皇后，雖然出身名門大戶，進宮之後卻能帶頭節儉，她通常不會使用太過華麗的食器，頭飾不用金銀，荷包也不用金銀線，簡樸無比，因而獲得乾隆帝的敬重。

嘴饞的慈禧，無奈不可再吃一口

清末慈禧太后用膳排場非常大。不僅在御膳上有豐足供應，自己還**設立私廚，稱西膳房，有葷菜局、素菜局、飯局、點心局、餑餑局**，每餐耗資甚巨。**慈禧的御廚房能做的各**

式點心達四百餘種，菜品四千餘種，花樣百出、應有盡有。慈禧平日錦衣玉食，搞不清楚喜歡吃什麼，但有宮女、太監回憶，她對以下食品還是情有獨鍾：

- **小窩頭**：由玉米麵、小米麵、栗子麵、糜子麵、爬豆麵、紅棗麵（或棗肉）加紅糖和成，蒸食。
- **飯卷子**：由米飯加白麵混合而成，有甜有鹹。鹹的加花椒鹽，或五香椒鹽；甜的加棗泥、豆沙、松子、核桃仁，有陳米飯卷、秈米飯卷、粳米飯卷等多種。
- **炸三角**：芝麻醬加水和麵，桿成麵糰；絞豬肉成碎末，加蝦米、口蘑（蒙古草原野菇）、火腿，切碎攪拌，加進佐料，拌成餡；將餡放進麵糰中，做成三角形，入油鍋炸成黃色，外酥裡軟，可口香甜。
- **炸糕**：用油和麵做成麵皮；將白糖、芝麻、山楂絞碎，加入奶油，成餡；做成圓餅、燒餅大小，入油鍋炸酥。
- **燒賣**：其餡為豬肉加口蘑，上籠蒸二十分鐘即可。
- **菜包鴿松**：用羊油、黃醬炒麻豆腐，把各種青菜炒成碎末，把兩者混合拌進飯裡，再以嫩白菜心為皮將混合飯包好，連菜葉一起吃。
- **和尚跳牆**：將四個熟雞蛋的皮剝去，接著在蒸籠上放好蘇造肉（張東官按季節以香料烹製豬肉。因張東官是蘇州人，故名），將四枚剝皮雞蛋嵌於其中蒸熟。由於光滑的雞蛋一半露於外面，像禿頭的和尚，慈禧便賞名為「和尚跳牆」。

- **餄**（音同「合」）**餷**（音同「叉」）：為地方美食。相傳，慈禧去遵化（位河北省）祭拜陵墓時，清東陵守護大臣絞盡腦汁，命廚役們做出各種山珍海味來討好慈禧。可是，慈禧有什麼沒吃過？廚役想來想去，便把一種用綠豆麵食品做成醋溜後端了上去。慈禧嘗了一口，覺得很新鮮，爽口不膩人，便又吃了一口，**吃到第三口時，旁邊的老太監就要叫停，因為宮中規矩，帝、后不可貪食、喜愛某道菜，以免被奸人看出，在菜中下毒**。

　　有鑑於此，侍膳的后妃們便想叫人將此菜撤下。慈禧看了看，有些捨不得，但又不能再伸筷去吃，只好說：「擱著吧。」意思是不要撤下，先放在一邊。這時，清東陵守護大臣立刻叩首道：「謝老佛爺賜名。」從此，這種食品就有了自己的名字，叫做餄餷。傳說，後來這道菜進了宮廷，成為慈禧喜愛的美食。

- **西瓜盅**：將西瓜瓤挖去，僅留西瓜皮，把切好的雞丁、火腿丁加新鮮蓮子、龍眼、胡桃、松子、杏仁，封嚴，用小火燉好幾個小時。
- **清燉肥鴨**：將整隻鴨肉調味，放進罐子裡，在鍋中用小火蒸三天。
- **響鈴**：把帶皮豬肉切成小方塊，放進豬油中煎著，這樣豬皮很脆，嚼起來帶響，稱為響鈴。
- **櫻桃肉**：把上好的豬肉切成棋子大小，加進新鮮櫻桃、調味料和清水，一起裝進瓷罐中用小火燉十個小時。

　　此外蔬菜有：豌豆、蘿蔔、膠菜（膠州大白菜）、蘑菇、銀耳、猴頭（菇）、髮菜、寒蔥（吉林的一種野菜）；海味有：魚翅、魚唇、魚肚、燕窩、海參。

但是，慈禧究竟喜歡吃什麼，誰也不知道，因為誰都不敢說。宮裡有兩個不成文的規矩：一是不許談論太后愛吃什麼，否則，就有掉腦袋的危險。另外，太后自己也不會說喜歡吃什麼，不喜歡吃什麼，所以，慈禧今天吃過的菜，明天就不會上了。

二是侍膳不勸膳，就是**侍奉太后吃飯時，要眼疾手快，看太后的眼色行事，她看哪道菜，就把哪道菜挪過來，不許問，也不許勸。說「老佛爺，這個菜新鮮，嘗嘗吧」，那等於找死**。所以，侍奉慈禧四十多年的貼身宮女榮兒，也不知道慈禧喜歡吃什麼。

慈禧每次正餐都備有一百多道菜，而她吃的也不過三、四道菜。吃之前，由嘗膳人（如李蓮英等）先用銀筷子吃過，確認安全後，她才動口吃菜。吃完後，剩下的菜要打包好，遵懿旨賞人。有人估計，慈禧伙食費每餐至少要兩百兩銀子。真可謂：慈禧一餐之費，百姓萬家之炊。

5 皇太極的服裝規定，裹小腳不是滿族規矩

關於清宮服飾，滿洲的皇帝們非常看重。到什麼程度？重到服飾與是否忘本有關的程度。他們認為，一旦**穿上了漢族服飾，那就是忘本**，就會亡國。雖然多少有些偏激，但可以看出他們對服飾的重視。

清朝的清初衣袍樣式有幾大特點：**無領、箭袖、束腰**。箭袖，是窄袖口。上加一塊半圓形袖頭，形似馬蹄，又稱「馬蹄袖」。馬蹄袖平日卷起，出獵作戰時則放下，覆蓋手背，冬季可禦寒。四開衩，即袍下擺前後左右，開衩至膝。左衽和束腰，緊身保暖，腰帶一束，行獵時，可將乾糧、用具裝進前襟。

這種服裝樣式，是**清太宗皇太極堅持傳下來**的。崇德元年，皇太極稱帝，像漢族的皇帝那樣，有模有樣的坐在寶座之上，南面稱帝。這個時候，有的大臣說話了：「我們也應該像漢人那樣，把服裝樣式改一改，換成寬袍大袖。」那麼，學習漢人稱帝，而取用年號的皇太極（這都是和漢人學習的），會採納這個建議嗎？

皇太極這個馬背上崛起的帝王、一代梟雄，看上去只會馳騁疆場的勇士，這個時候並

▲ 清帝馬蹄袖龍袍。

沒有盲從，而是仔細思考。同年十一月，皇太極已經得出結論。於是，他召集滿朝文武，集中討論。

皇太極先問大家，知道之前的金朝是怎麼滅亡的嗎？就是因為忘本。世宗即位，奮圖法祖，勤求治理，唯恐子孫仍效漢俗，預為禁約，屢以無忘祖宗為訓，衣服、語言悉尊舊制，時時練習騎射，以備武功。可是，後世之君，漸至懈廢，忘其騎射，至於哀宗，社稷傾危，國遂滅亡。祖宗的一切根本，尤其是服飾都忘記了，最終導致國破家亡。皇太極帶領大家思考到這裡，觀點已經很明確了。

皇太極說：「最近，好多大臣給我建議，要我們仿效漢人的寬衣大袖。大家想一想，如果真的這麼做，我們在這裡聚集開會，忽遇碩翁科羅巴圖魯勞薩挺身突入，襲擊我們，我等能禦之乎？」皇太極說得很生動，大家都聽明白了，就是服飾要繼續保持自己的民族特色，永不更改。

那麼，皇太極的這個見解對不對？我認為不全然對，他認為漢族人是寬衣大袖，無法打仗。可是，漢族軍人在前線時，也不是寬衣大袖，他把戎裝和時裝混為一談了。但不管怎麼樣，他保持滿民族的馬蹄袖，維持了民族特色。那麼，那些後代皇帝會牢記他的教誨，而保留民族本色嗎？

清代皇帝學習漢文化但不忘本

我們都知道，康熙帝是一個極力尊崇漢文化的帝王，當年，孝莊不允許他學習漢語，他都是偷偷和小太監學習，自己也經常把這句話掛在嘴邊：「視滿漢如一體，遇文武無輕重。」看起來，這個康熙帝有漢化的危險。真相究竟如何？

我們看看他如何解釋，自己努力學習漢文化的理由：「文臣中願朕習漢俗者頗多，漢俗有何難學？一入漢習，即大背祖父明訓，朕誓不為此！」**康熙帝的意思很明顯，學習是為了駕馭，不了解漢人又如何駕馭漢人**？但是，學習並不是要廢棄自身特色，包括服飾。所以，他對包括皇太子在內的諸位皇子指示：「設使皇太子入於漢習，皇太子不能盡為子之孝，朕亦不能盡為父之慈矣！至於見侍諸子內，或有一人日後入於漢習，朕定不寬宥！」絕對不允許漢化，這就是康熙帝的態度。

雍正帝堅決不允許漢化。雍正紀元，當時流傳著這樣的話：「孔雀翎，馬蹄袖，衣冠中禽獸。」這是對滿洲服飾的極大諷刺，是反清人士為了推翻清朝統治的政治謠言。一時之間，流言四起。

那麼，強勢的雍正帝會採取什麼措施？他從兩方面說明衣冠必須堅持民族特色，一方面是從失敗的教訓說明，他這樣說道：「如元代混一之初，衣冠未改，仍其蒙古舊服，而政治清明，天下又安。其後改用中國衣冠，政治不修，遂致禍敗。」他認為元代滅亡，就是改用了漢族服飾，當然這恐怕不符合史實。另一方面，他是從天意的角度，來闡釋滿洲服飾不能改：「夫衣冠既為天心降鑑之所在，則奕世相傳，豈容擅為改易乎！」雍正帝這招很有效，在那個時代很有說服力。

乾隆帝表裡不一。我們翻閱史料，會發現乾隆帝有獨特的漢文化情結。例如，他最喜歡寫詩，到處題字，他一生中傳世的詩作最多，有四萬多首。不僅如此，**乾隆帝還喜歡穿漢裝**，我們看到好幾幅乾隆帝的漢裝畫像，名為《乾隆行樂圖》。這麼看來，乾隆帝帶頭穿漢裝，滿洲是不是要漢化了？乾隆十九年十一月的一件事，表明了乾隆帝的態度。

福建生員李冠春向巡撫投遞條陳《濟時十策》，其中有「請改明季衣冠」一條。乾隆帝對此事大發雷霆：「第六條妄議衣冠制度，尤為狂悖。當即拘拏研訊，照例定擬斬決。」

這算什麼大事，值得殺人？之後，乾隆帝反覆強調自己的觀點，無非是將皇太極當年的舊話重提而已。所以，乾隆帝是一個表裡不一之人，可**不要看他開心的穿著漢裝，就以為他要漢化了，那只是虛假的表象而已**。

所以，清朝獨具特色的服飾，是皇太極當年一語定乾坤，經過康、雍、乾歷朝皇帝的堅持，最終得以保存下來。

不同於漢女纏足，滿洲女子愛高底鞋

清代滿洲婦女所穿之鞋與漢族不同。中國**漢族婦女從唐代開始崇尚小腳，到五代出現摧殘婦女的纏足陋習，到宋代纏足風氣盛行**。明代宮女不纏足，只要一選入宮，就要解去裹腳布，以便在宮內行走服役。清代漢族婦女仍從舊習纏足。

不同於漢女，清代滿洲婦女愛穿高跟鞋。關於滿洲婦女所穿的高跟鞋，有幾種說法：

一是工作需要。滿洲女子和男子一樣，經常上山勞動，像採蘑菇、撿樹枝等。長白山氣候潮溼，會有露水打溼女子的褲腳。為此，女子們便穿上了高高的木底鞋。

二是防止蚊蟲叮咬。女孩子細皮嫩肉，擔心被樹叢和草叢中的蚊蟲叮咬，她們便加高鞋跟，於是高底女鞋便應運而生了。

三是為了渡過水塘。這源於一個古老的傳說，相傳多羅甘珠（一個滿族祖先的公主）的父王被人害死，他們的城池阿克敦城也被敵人奪走。多羅甘珠為了替父王報仇，便帶領著眾人前往阿克敦城。可是，阿克敦城周圍已經開鑿了護城河，裡面有很深的水塘。該怎麼辦？多羅甘珠思考一陣子後想出辦法，每個人在兩條腿上各綁上一根木棍，像高蹺一樣，順利渡過護城河，殺死了敵人，奪回阿克敦城。受這個木腿的啟發，滿洲女子便發明高底女鞋。

四是為了遮醜。我們知道**滿洲女子從來不裹腳，都是大腳**。可是，入關以後，滿洲女子看到漢人女子都裹腳，講究三寸金蓮，認為腳大是很醜的事情。到清代中晚期，有些滿洲女子甚至學漢女裹小腳，朝廷多次警告都無濟於事。在這種情況下，一些滿洲女子為了遮住腳大的缺點，便穿上高底鞋，將大腳用褲腳遮住，別人也就不知道其腳有多大了。

我覺得這些說法都有偏見，例如，為了工作需要，即滿洲女子在入關前，受長白山潮溼氣候的影響，怕露水打溼褲腳，便穿上高底鞋。其實這是一種誤解，穿高底鞋的婦女通常為滿洲貴族女眷，或是一般婦女在閒暇時才穿，勞動的婦女無法穿這種高底鞋。既然不勞動，何來露水打溼褲腳？而且，滿洲婦女的旗袍通常都很長，蓋過鞋面，甚至鞋跟。

高底鞋又稱為「旗鞋」、「馬蹄底鞋」。旗鞋又分為「花盆底鞋」、「元寶底鞋」兩種。花盆底鞋的鞋跟較高，一般為三寸（按：約九公分，一寸約三公分）以上，就其形狀而言，是兩頭寬大，中間窄小，極具曲線美。鞋跟的材質為木製，這是源自於滿洲「削木為履」的習俗。

鞋跟的外面一般用細白布包起來，並在不著地的鞋面，用刺繡或穿珠加以裝飾。這種鞋由於跟較高，中間又細，一般為年輕女子所喜愛。但在清宮中，那些養尊處優又上了年紀的后妃們也常穿。慈禧晚年就穿花盆底鞋，鞋上滿綴瑩潤的珍珠。

另一種鞋為元寶底，因鞋跟的形狀得名。這種鞋跟也是木製，外罩白細布。這種鞋通常不會有太多裝飾，但鞋面或鞋跟四周如果全素而無花紋，則會被視為凶鞋，不能穿出去，所以也會稍做裝飾。裝飾多少、質料好壞，也是貧富的象徵。這種鞋因較素雅，受到中老年婦女的喜愛。

實際上，清宮中的女子平時不會總穿高

▲ 花盆底鞋，其鞋跟高達三寸以上，材質為木製。

底鞋，不管是花盆底還是元寶底，穿上去都不如布底鞋舒服。所以尤其是非正式場合，他們**更常穿普通布底鞋；只有在公開場合或需要穿用的時候，才會穿上高底鞋**。

腰間佩戴之物穿梭在虛實之間

清代滿洲青年男女的服飾中有一個特色，就是在腰間懸掛一些飾物。其中最明顯的東西就是**荷包和刀**。荷包代表柔情似水，為虛；刀則代表剛猛，為實。男人為何要佩戴這虛實之間的飾物？

先說荷包。荷包又名香袋、花囊，也叫香囊。其實是古代漢族勞動婦女，所創造的民間刺繡工藝品，可是，這個傳統的工藝品卻非常受滿洲青年男女喜愛，我們發現很多這樣的實物傳世。照理來說，荷包和香囊（香包）在功用上還是有所區別。

荷包功用更廣泛，最起碼可以用來裝菸葉，男子會把菸葉放進荷包之中，取用非常便利。香囊，顧名思義是用來裝香料、聞香味的袋子，具說這個香味也有驅逐瘟疫和醒腦提神的功用。香囊的填充物主要有蒼朮、山柰、白芷、菖蒲、藿香、佩蘭、川芎、香附、薄荷、香櫞、辛夷、艾葉，另加冰片，還可以適當加入蘇合香、益智仁、高良薑、陳皮、零陵香等藥材。荷包也好，香囊也罷，都被賦予濃厚的風情含義。尤其是香囊，在青年男女中頗有一番韻味。

西元七五五年，安史之亂爆發。次年七月十五日，唐玄宗逃至馬嵬驛（位陝西省），隨行將士處死宰相楊國忠，並逼迫唐玄宗的愛妃楊玉環（就是楊貴妃）自盡，讓她承擔釀成國家戰亂的責任。

楊貴妃死後，屍體被匆忙就地埋葬。唐玄宗思念楊貴妃，派人悄悄將她的遺體移葬，辦事宦官發現，楊貴妃的遺體只剩下白骨一架，唯有臨死時佩戴在胸前的香囊還完好如初，便把香囊取下覆命。唐玄宗見到香囊，睹物思人。他把香囊裝入衣袖，貴妃的氣味似乎隨著香囊撲面而來，霎時老淚縱橫。

另外還有關於多爾袞的故事。相傳，多爾袞在不得不擁立年僅六歲的福臨即位後，心有不甘，時時想找機會廢掉小皇帝，自立為王。順治帝的母后孝莊知道後非常著急。怎麼辦？她想前去找多爾袞斡旋，又怕效果不好，反而自取其辱。

焦急之下，還是蘇麻喇姑出了個主意。蘇麻喇姑從腰間取下精緻的香囊，遞給主子道：「不妨試著把這個給他。」孝莊立即明白了一切。這個**好色的多爾袞剛喪妻，孤枕難耐，接到孝莊送來的香囊，香味撲鼻而來**，囊如其人，愛不釋手，便開始想入非非，果然無暇顧及廢帝自立之事，之後還傳出了「太后下嫁」的故事。

實際上，清代不僅年輕人腰間佩戴荷包，老年人和小孩子也會佩戴，但各有含義：老年人為了防病健身、健康長壽，也有為了乞求家庭和睦而佩戴；小孩子則是為了有趣、為了吉祥、為了健康成長。總之，各取所需。

接下來談刀。滿洲男子的腰間配刀，具有濃厚的民族風情。但是，衣冠乃一代制度，他們也不會無緣無故佩戴著刀，一定有特殊含義。據考證，大致有兩個含義：一是餐具，就好比吃西餐一樣，滿洲人出行在外，吃烤肉時要用小刀；二是防身，表現尚武精神。還是講兩個故事。

康熙初年，鼇拜專權，朝野內外黨羽遍布，小康熙帝只是傀儡而已。不過，鼇拜也深知自己樹敵太多，尤其是皇帝都防著自己。所以他警覺性很高，刀不離手，以防不測。有一次，鼇（音同「敖」）拜稱病不朝，康熙帝不得不前往探視。

可是，當康熙帝來到鼇拜臥室的時候出事了。鼇拜臥病的床的席子下面藏著一把利刃。這本來不算什麼，關鍵是皇帝在這裡，犯了威脅皇帝安全的大忌，皇帝可

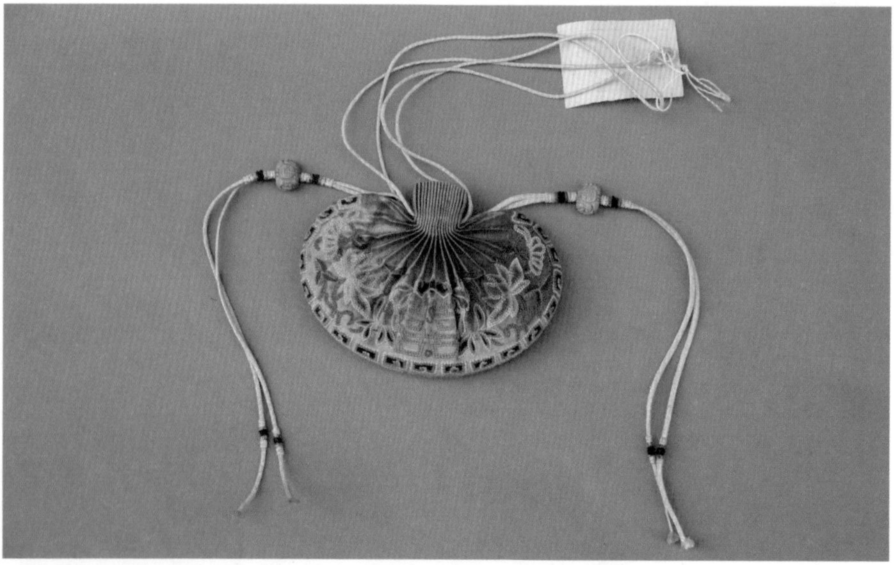

▲ 深受滿州青年男女喜愛的荷包，其實是漢族婦女所做的工藝品。

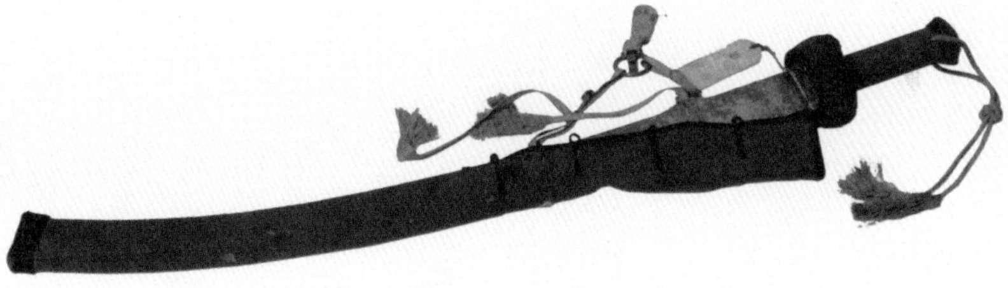

▲ 遏必隆刀，相傳為遏必隆所用之刀。

以以此為由，逮捕鼇拜處死他。可是，康熙帝知道時機還不成熟，他靈機一動道：「大家看，鼇拜繼承我們滿洲尚武的精神，刀不離手，你們都要向鼇拜學習。」康熙帝這麼一說，利用傳統習俗，巧妙化解了一場政治危機。

乾隆八年，乾隆帝率領王公百官浩浩蕩蕩向盛京出發，去拜謁祖陵。十月初一，乾隆帝在盛京大政殿賜宴。大家都很高興，感恩皇帝的賞賜。可是，乾隆帝突然大發雷霆怒道：「我發現一個非常不好的現象，有的王公忘本了。」大家一時不知所措，乾隆帝指著怡親王弘曉道：「你身為愛新覺羅子孫，堂堂怡親王，怎麼連規矩都不懂？」弘曉自知理虧，連忙跪下請罪。原來，弘曉的**腰間沒有佩戴小刀，吃肉的時候請別人來幫忙。這就犯了大忌，等於忘了本**，難怪他二話不說就跪下請罪。

無論是荷包還是刀，腰間佩飾都展現了民族特色。虛實之間透露了一種柔情與俠肝義膽。這樣的民族服飾，正是他們所需要的一種民族精神。

第3章

腦袋是有洞還是有動，就看玩樂的心思

1 慈禧御用美膚、護髮配方，這樣洗澡才叫奢華

嚴格來講，深宮之中只有一個男人，那就是帝王。女人愛化妝，胭脂便成了她們離不開的化妝品。數以千計的女人們生活在同一個環境中，到處充滿了胭脂的味道。

深宮中的女人會把大部分時間花在梳妝臺前，因為在那裡能夠找到自我，能夠消磨掉難熬的時光。梳妝臺前是快樂的，也是感傷的，所以在這個充滿矛盾的梳妝臺前，后妃們總是忍不住嘆口氣，嘆自己的人生和無奈。宮裡有專門的梳頭太監，他們侍候著這些女主們，除了梳好頭髮外，還趁機加深與后妃們的感情，講些宮外或后妃感興趣的話題。那些皇帝、后妃在梳頭時，由於心情不同，表情各異。

甄嬛的頭髮在北京故宮常年展出，你看過嗎？

乾隆帝生母「甄嬛」（孝聖憲皇后）的人生是快樂的，她是宮中著名的「有福之人」，所以她在梳頭時，是非常快樂的。她總是邊梳頭邊與宮女聊天，談論流行的髮式，或興致

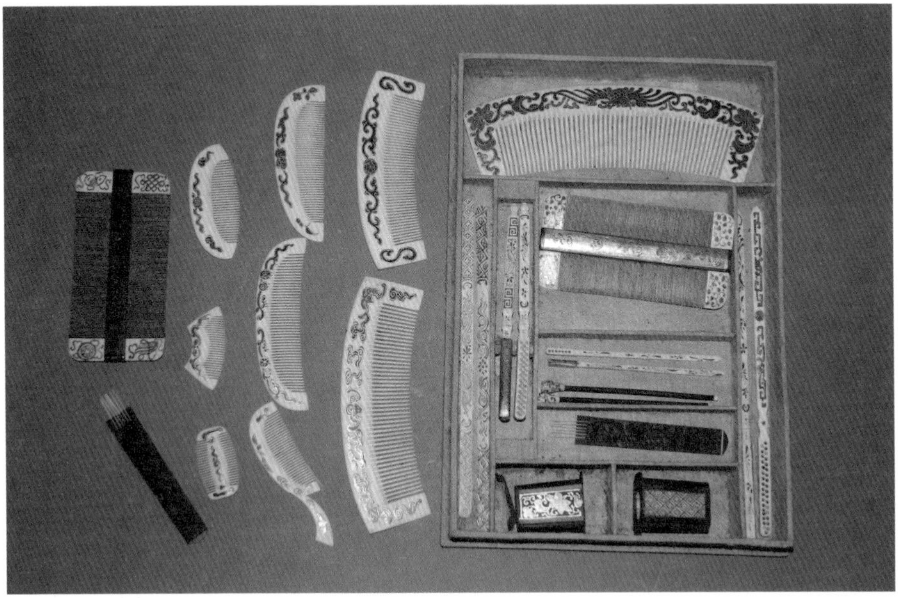

▲ 象牙梳具。

勃勃的聽梳頭太監分享的宮外軼事，笑容常常掛在臉上。

梳下來的掉髮要加以保留，因為古人認為父母給予之物不可輕易扔棄。慈禧入葬時，她生前梳落的萬縷青絲就隨葬於地宮中；而乾隆帝的生母孝聖憲皇太后去世後，乾隆帝為其鑄造了黃金塔，用來存放梳落的頭髮，後人稱為金髮塔。

乾隆帝為其母製作的金髮塔所費不貲。一開始擬造高兩尺一寸六分，但由於其中供奉的無量壽佛（阿彌陀佛）法身大，原高度容納不下，於是再加高到四尺六寸，用金數量頗為巨大。宮廷裡的承辦人員想盡辦法，把一份金冊、一顆金印、壽康宮所存的金盆、金匙等金器盡量搜羅，共得黃金兩千三百餘兩，仍不敷使用。

於是，福隆安想出用白銀添鑄的辦法，得到乾隆帝允諾，將七百餘兩白銀熔入其中，共得三千餘兩。福隆安與和珅共同擔任承辦大臣，由工部、戶部和內務府負責籌備，內務府造辦處負責製作，互相監督以防怠惰。經過三個多月的建造，金髮塔終於完工。金塔由下盤、塔肚、塔脖、塔傘、日、月和用松石製作瓔珞等組成，花紋端莊、構圖完美。其中金塔內存放的金匣，乾隆帝更是從樣式到刻畫的花紋都一一檢查。金髮塔現展於北京故宮壽康宮。

接著談慈禧梳頭。很多人認為，平常是深得器重的宦官李蓮英幫慈禧梳頭，**其實慈禧從來不讓李蓮英幫她梳頭**。幫慈禧梳頭的是一個叫劉德盛的老太監。這個老太監性格柔和、斯斯文文。每天清晨，劉太監頭頂著梳具，來到儲秀宮（紫禁城內廷西六宮之一，明、清朝時為妃嬪所居）外面，高聲喊道：「老佛爺吉祥，奴才給您請安啦。」宮女傳話：「進來吧，劉德盛。」這個時候，慈禧早在宮女的侍奉下床，坐在梳妝臺前等候。

劉太監開始梳頭後，宮女們就在一旁遞工具。這時，慈禧開始問話了：「你在外面有沒有聽到什麼新鮮事，說來聽聽。」劉太監早就準備好故事，都是一些龍鳳呈祥、風調雨順的吉祥事，慈禧聽得眉開眼笑。故事說到一個段落，其他太監便端上一碗冰糖銀耳，慈禧邊吃邊聽劉太監講故事，開心極了。

梳完頭，劉太監要起身離去，慈禧說：「讓她們給你沏杯茶吧。」劉太監趕忙說：

「奴才不敢受，奴才不敢受。」慈禧在梳頭時看似輕鬆，實際上還關心著時局的變化，可是一個奴才怎麼可能說實話？不過是用討好的方式，取悅慈禧而已。不管怎麼樣，慈禧在梳頭時，眉宇間是機警而霸氣的。

幫光緒剃頭，看見憂鬱皇帝

幫光緒帝剃頭的也是一個劉太監。**光緒帝一個月剃頭三次**：初一、十一、二十一，每次剃頭時間也是固定的，必須在上午十點整點開始，取蒸蒸日上的含義。

不過，幫光緒帝剃頭很麻煩。為了皇帝的安全起見，劉太監不能穿著自己的衣服，必須全部換上事先準備好的服裝，而且所有的剃頭工具不用自帶，均由光緒帝賞賜。光緒帝剃頭時，大殿內外侍衛林立，目光炯炯的盯著劉太監的手和他手上的刀子。幫光緒帝剃頭，還要約法三章：

第一，必須用右手剃頭，不能用左手，而且左手不能撐著皇帝的頭，也就是不許隨意擺弄皇帝的腦袋。這要有一定功力，不然，怎麼能做到單手工作？

第二，必須順著頭髮剃頭。無論是光緒帝的頭髮，還是他的臉，劉太監剃的時候，都必須順著刮，不能逆向刮。

第三，必須屏住呼吸。不許對著皇帝的頭和臉，免得氣息吹到皇帝。

劉太監剃完頭，需要半個小時。雖然時間很短，但結束時也已經累壞了。不過剃完頭，劉太監還不能走，他還要請示皇帝：「萬歲爺，您需要按摩嗎？」**光緒帝一般連眼都不睜，只是搖搖頭。這說明光緒帝在剃頭時一言不發、情緒低沉**，眉宇間從來都沒有舒展過，相當不快樂。

東西六宮中，每宮必有一處梳妝臺。身分高的后妃會有十分高級的梳妝臺，梳妝臺可以折疊，搭配各種小抽屜，裡面裝著脂粉或梳具等物；材質有紫檀和紅木，有的甚至嵌螺鈿（鑲嵌貝殼或螺螄殼的裝飾工藝），非常華麗。

梳具也有各種材質，如黃楊木和象牙等。梳具盛裝於盒，盒中依照梳具形狀設計各種凹槽，甚至有梳鬢髮、編髮等工具，也有刷子和篦子（齒比梳子更密，古時多用於刮去頭皮屑和頭髮裡的蝨子），齒疏密不同，用途各異，每盒梳具共有十來件。

后妃梳頭時，為了保持髮質柔軟光亮，會使用護髮油來護髮。如康熙帝歷次南巡時，各地大臣就會進奉「香頭油」、「梳妝香油」等物。

流連在梳妝臺前，有得意也有失意。失意的后妃會不時嘆氣，哀怨時光不饒人，年老而色衰，皇帝還會不會再來？但她們多半不會因為皇帝喜新厭舊，而離開梳妝臺。相反的，一旦她們了解到自己已經老了，就會更加刻意的打扮自己，因為漫漫的人生餘路，不會因為皇帝失寵而斷絕，還得走下去，直到人生盡頭。

慈禧四種護膚、護髮配方，加上「美容太平車」

后妃們總是待在鏡子前，看看自己和往常有什麼不同，是否不經意的多了幾道皺紋。所以平時，她們會注意臉部保養。遍查史料，可以發現慈禧太后美容的各種藥方和做法。慈禧皮膚歷來不白、膚質不細，**為了滋潤皮膚，讓臉變得光亮透白、防皺，採用了以下方法：**

慈禧擦在臉上的，有四種保養品配方：一、宮粉：由米粉、益母草粉、珍珠粉加香料配製而成。慈禧入睡前，會在臉上、脖子、前胸、手臂上大量塗抹宮粉。二、漚子方：由八味中藥磨成粗渣，與三斤燒酒同煮，去渣留汁，加上白糖、白蜂蜜、冰片粉、朱砂粉攪拌均勻。塗於臉部，有滋養、潤膚的功效。三、藿香散：由藿香葉、香白芷、零陵香、檀香、丁香、糯米、廣明膠七味組成。可以通經絡，並增加皮膚彈性、潤膚香肌。四、栗菝（音同「扶」）散：將栗子的內皮晾乾，磨成細粉。使用時，用蜜調和塗於臉上。能去雀斑、減少臉部皺紋。

▲ 美容太平車，類似現在的臉部按摩器，讓珠子在臉上的穴位來回滾動。

慈禧還喜歡臉部按摩，按摩時用一種叫做「玉容散」的配方，有利於讓皮膚細白：由白芷、白牽牛、白丁香（麻雀糞）、鷹條白（鷹糞）等十六味中藥組成，可去除臉部黑斑、粉刺、斑紋。使用時，將散劑用水調和並塗於臉部，再用太平車在臉上反覆滾動。太平車其實就是后妃的臉部按摩器，清宮中曾有瑪瑙太平車傳世。后妃用太平車按摩，不僅使皮膚不易老化，還能預防臉部肌膚鬆弛。

慈禧喜歡擦胭脂，而且喜歡自己製作。她命人在北京郊外的妙峰山，大量種植玫瑰，每年五月，挑選幼嫩的玫瑰花瓣進貢清宮。慈禧會親自指導，如何**提煉出上等的玫瑰油**，再將玫瑰油加工成胭脂。慈禧使用的就是這種胭脂。

慈禧也會利用口服丹丸，達到美容的效果。如五芝地仙金髓丹：由十一味中藥加蜂蜜配製而成。服用百日後，可充實五臟、益氣生津、潤澤肌膚、延緩衰老；平安丸由九味中藥調配而成，即檀香、沉香、木香、白蔻仁、肉蔻仁、紅蔻、神曲、麥芽、山楂。連服數日，改善消化、氣血旺盛、面色逐漸紅潤。

另外慈禧認為，容顏之美離不開牙齒之美。一、固齒方：用生大黃一兩、熟大黃一兩、生石膏一兩、熟石膏一兩、骨碎補一兩、銀杜仲一兩、青鹽一兩、食鹽一兩、明礬五錢、當歸五錢、枯礬五錢。每天早上以此散劑擦牙根，用冷水漱吐。當歸、杜仲養血補腎，維護骨骼的健康；石膏固齒；食鹽、明礬殺菌；大黃、石膏可消胃熱，緩解上火造成的牙痛，每日擦用，齒固無搖。二、刷牙散：由青鹽、川椒、旱蓮草、枯白礬、白鹽等組成，磨成細粉，早晚用來漱口，可防止牙齒變黃。三、漱口：慈禧在日常生活中，還喜歡用茶水漱口。每次飯後，她都要嚼檳榔，可清除口腔腐氣。

慈禧也十分注重自己的頭髮，每當掉頭髮時，她都會覺得感傷，長出白髮時，也會格外注意。**慈禧善用各種配方保養自己的頭髮**：一、香髮散：由十四味中藥細磨，加蘇合油拌勻，晾乾後再磨成粉。梳頭時將香髮散噴於髮中，用篦子反覆梳理，可使頭髮蓬鬆、柔順，既可養髮，又可預防頭髮花白。二、抿頭方：用香白芷、荊穗、白殭蠶、薄荷、藿香葉、牙皂、零陵香、菊花八味中藥加水同煮，冷卻後加冰片，可軟化髮質、清神醒腦、防止脫髮。三、菊花散：用九味中藥磨成粗渣，加漿水（洗米水）煮沸後去渣，用藥汁洗髮。四、長春益壽丹：由三十二味中藥製成，每天早上尚空腹時，用淡鹽水送服，可預防長白髮。

慈禧努力讓自己保持青春美麗，難怪外國公使夫人認為她看上去比同齡人年輕。

慈禧美甲加擦澡，難怪做完整套很快睡著

先看看慈禧如何美甲。

慈禧太后的指甲有兩寸多長，中外聞名。慈禧對指甲的修剪要求很嚴，大拇指要修成馬蜂肚子狀，片大好看；無名指與小拇指要修成半圓的筒子狀。慈禧兩隻手共六片指甲

（大拇指、無名指、小拇指）需要修剪，由專人負責。負責的宮女每人有一套一樣的工具盒，裡面有小刀、小銼刀、小剪刀、小刷子之類的工具。還有田螺狀的指甲油盒，裝有從法國進口的各色指甲油。

慈禧的指甲一年四季需用藥水浸泡。御醫為了討好慈禧，爭先恐後為她研發潤膚軟甲的中藥水。泡洗過的指甲，質地更加細膩、光滑、色澤豔麗。泡過藥水後，宮女趁指甲柔軟，用小銼刀修剪並用小刷子裡外洗一遍，再上各色指甲油，塗抹均勻。指甲油多為紫色和銀白色，莊重典雅。

上了年紀後，慈禧已不太愛用大紅色了。庚子事變後，她自西安回鑾，在儀鑾殿（慈禧寢宮，為居仁堂舊址，現今不存）第一次接見外國公使夫人，則塗了橘色指甲油，公使夫人因此覺得太后年輕時髦，大為嘆服。

▲ 慈禧太后——你看背景擺設有多精緻奢華。

慈禧晚年指甲長了黃斑。起初，她認為是宮女和太醫護理不善，大發脾氣。後來她逐漸了解這是生理變化，便不再苛求，只是不斷的將變質的指甲剪下。她還有專門裝指甲的匣子，死後隨葬地宮。

一九〇〇年，**八國聯軍攻入京師**，**慈禧攜光緒帝逃往西安**。**出逃之前**，因為怕身分暴露，慈禧喬裝打扮成鄉下婦人的模樣，所以她狠心讓貼身宮女，**將自己長長的指甲剪掉**。相傳剪指甲時，她把手伸出來，頭歪向一邊說：「這是我幾十年的心血，剪掉它吧。」說完，痛哭失聲。

再看慈禧如何洗澡。

慈禧洗澡的次數有季節之分，**夏天要每天洗一次，冬天要兩三天洗一次，都是晚上洗**。伺候慈禧洗澡的人很多，都是專職：有兩個太監將澡盆、水、毛巾、爽身香水、洗澡木椅等所用之物，全部搬到浴室；有兩個幹粗活的宮女將油布鋪好，守候在浴室門口，隨時聽從召喚；**四名貼身宮女，專門負責給慈禧擦澡**，每人各有分工。兩名太監將備物運來後，就要撤出，完事後再傳他們運走。

慈禧是坐在椅子上洗澡，椅子很矮，約一尺來高。椅子的四條腿上分別雕有兩條龍，一升一降。椅背可以活動，既可拿下來，又可以向左或向右轉。椅子很寬，但不長，這是根據慈禧的身體專門設計的。

慈禧洗澡時要用兩個澡盆，洗上半身一個盆，洗下半身用另外一個盆。慈禧認為洗下半身的工具，絕對不能用來洗上半身。上半身是天，是清，是紅運；下半身是地，是濁，是黑運。地永遠蓋不過天，紅運永遠不能被黑運壓倒，清濁永遠不能相混淆。

慈禧所用的兩個澡盆外形一模一樣，雖是圓形，但為了方便慈禧靠近澡盆，中間凹一塊。澡盆是木製的，外包銀皮。木頭利於保溫，銀皮可以防毒。

慈禧平時用溫水洗澡，有時會搭配藥水。沐浴方：宣木瓜一兩、薏米一兩、桑枝葉一兩、茵陳六錢、甘菊花一兩、青皮一兩、淨蟬衣一兩、萸連四錢，將以上配料搗成粗渣，盛布袋內，熬水浴之。此方既可清風散熱、平肝明目，又可殺菌。其中蟬衣、薏米可加強散風熱、透風疹，能防治皮膚病。

洗一次澡要用一百條繡龍毛巾擦拭玉體

慈禧洗澡時，用的最多的是毛巾，**洗一次澡要用到一百條**。毛巾由宮女用托盤端來，疊得很整齊，二十五條一疊，共四疊一百條。每條毛巾上都有用黃絲線繡的金龍，每疊毛巾姿勢各異：有翹首的、有回頭望月的、有戲珠的、有噴水的。

慈禧洗澡時，赤身裸體坐在矮椅子上，四個宮女站在慈禧的左右兩邊，她們每人負責不同的部位。領頭宮女先拿十二條毛巾，浸於水中，撈出四條擰乾，分發給四位宮女。四位宮女則把毛巾平鋪在手掌上，輕輕的、緩慢的幫慈禧擦胸、擦背、擦兩腋、擦四臂。擦澡時，**四位宮女既不能面朝慈禧，怕的是呼氣吹到她；又不能背過臉去，顯得不恭敬**，而是側著臉、憋著氣工作。

擦澡時，每條毛巾只許蘸一次水，用完一條扔下一條，絕不許回盆浸水再用，這麼做，是為了保持澡盆內的水乾乾淨淨。所以，洗完上半身大約用六十條毛巾。而澡盆裡的水，為了保持一定的溫度，會隨時舀出一些再加入一些。

擦完身體後就要塗上玫瑰香皂。不是直接往身上打皂，而是打在溼毛巾上，用毛巾擦身，擦完扔掉，再使用新毛巾，擦完再扔掉。如此反覆四、五次，然後再擦淨身體，用很溼的毛巾輕輕擦去身上的香皂泡沫。這要仔細擦，如果擦不乾淨，身上殘留泡沫，慈禧睡覺時會覺得癢，就會大發脾氣。

最後，是噴香水。夏天用耐冬花（山茶花）露，秋冬用玫瑰花露，噴在乳房下、關節處、脊梁溝。這些地方容易殘留香皂泡沫，也容易發癢。噴完香水後，四個宮女再各用一條乾毛巾，把身上各部位再輕拂一遍。

慈禧洗完澡後穿的睡衣，上衣是純白綢子做的偏衫，沒領沒袖，胸口繡一朵大紅牡丹花，下半身仍是繡滿大紅花的白綢睡褲。腳上穿的軟鞋，白綢子裡外罩大紅緞面，繡花。

洗完澡後，慈禧有時會坐在太師椅上，腳的兩邊熏上香，由侍女扇扇子、捶肩背，與手下人說著話，過著逍遙歲月。但慈禧由於政務繁忙，常常洗完澡就入睡了。

2 帝王級的娛樂，怎麼玩？

我們看《甄嬛傳》宮鬥不斷，深感後宮險惡，誰還願意進入深宮？帝王何嘗不知！為此，帝王會想盡辦法安排娛樂活動，以緩解宮中緊張的氣氛。

后妃進入高高的宮牆後，除了寂寞還是寂寞。不僅不快樂，身心健康也受到影響。為了解決這個問題，清朝的皇帝費盡心思，讓妃嬪們既愉悅身心，又鍛鍊到身體。具體來講，就是安排一些體育活動讓妃嬪們參與。宮中的后妃由於受尚武精神的影響，也很想一試身手。但是，由於后妃身體尊貴，平常在公共場合又都穿花盆底鞋或元寶底鞋，不適合活動筋骨。所以她們在體育活動中，大多充當觀眾的角色。

皇帝級的戶外娛樂

一是端陽競渡。

端午那天，宮中歷來不朝會，但是，端午節賽龍舟可是中華民族的傳統，作為皇家怎

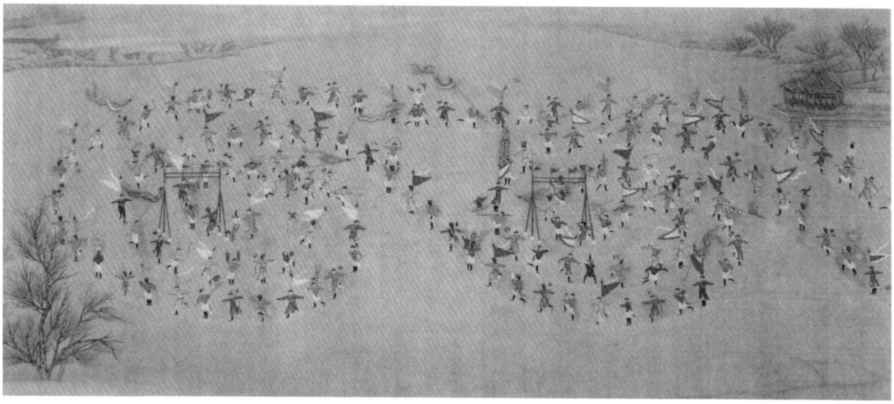

▲ 冰嬉圖。

麼能無動於衷？所以，皇上會帶后妃到圓明園福海的蓬島瑤臺，觀看龍舟競渡。皇帝也好，妃嬪也罷，當然不會親自參與那些劇烈的活動。不過大家隔岸觀看，對競賽者也是一種莫大的鼓舞，對后妃嬪御則是一種身心上的洗禮，這樣的活動有時也在避暑山莊舉行。

二是冰嬉娛樂（冰上娛樂活動，有類似現今花式溜冰、冰上曲棍球等各種項目）。

冬至以後或臘八（農曆十二月初八），清帝帶后妃到西苑太液池（皇家園林中的湖泊，即現今北京北海和中南海）去觀賞冰上運動，被稱為「國俗」，世行不替。這種**冰嬉活動，是滿洲人的傳統活動**。他們在關外時，天寒地凍，就發明這種冰上遊戲。冰嬉之人會在冰上起舞，或做出各種陣勢，或舉行各種遊戲，人越多越壯觀。清入關後，這種遊戲被帶進關內，乾隆帝還寫詩以記其事。

三是狩獵和布庫。

每年秋季，皇帝要到木蘭去圍獵，以不忘國本和表達尚武精神。那時，往往有后妃隨往，甚至有后妃參與哨鹿（八旗兵頭戴鹿頭、學鹿啼叫，引誘鹿出現）。例如乾隆帝的妃子容妃，就有策馬遞箭的畫流傳於世。

布庫是一種赤膊相撲的活動。布庫，滿語譯音，類似現在的摔跤。康熙初年，輔政的鼇拜結黨營私，把持朝政。足智多謀的康熙帝，挑選了十幾名八旗子弟，入內苑（宮中的庭園）陪侍康熙帝練「布庫戲」。一日，康熙帝獨召鼇拜入宮，宣布他的罪行後，十幾名少年聞聲而至，當場擒拿鼇拜。這是清宮廷史中關於布庫的生動記載。**清宮相撲主要有兩種，一為滿族式摔跤，另一為蒙古族式摔跤**，兩種形式各有區別。這種比較猛烈的運動，后妃們不會參與，大多在一旁圍觀。

四是水獵、踏雪。

乾隆年間，每到夏季，高宗后妃會在頤和園昆明湖觀賞水獵，取樂嬉戲。后妃們也不會親自參與這個活動——妃嬪們脫下衣服，下水狩獵，可有傷風化。不過，踏雪觀景，后妃們倒是樂意參與其中。每到大雪紛飛的日子，她們紛紛走出戶外，到御花園，到其他姐妹那裡開心解悶。

五是欣賞煙火。

在民間，正月十五會看花燈、吃元宵。可是一過正月十五，人們就覺得春節過去了，有點意猶未盡，也有點失落。所以乾隆以後，增加了一個春節娛樂活動：每年正月十九，在圓明園山高水長（清代圓明園四十景之一）放煙火，宮中后妃隨帝觀賞取樂。當五彩繽紛的煙火騰空而起時，后妃們會高興的跳起來。積鬱已久的心緒得到宣洩，是宮中最快樂的事。

六是盪秋千。

在圓明園、御花園，后妃們會聚在一起玩盪秋千。伴隨著春天腳步的臨近，后妃們在秋千起伏的節奏中，享盡大自然的美景，又達到娛樂健身的目的。

足不出戶找樂子，個個是書法高手

在宮中，后妃們會找些有趣的事情來做，以磨練心志、排遣寂寞。遊戲取樂，是必不可少的辦法。

一是琴棋書畫。宮中很重視有才華的女子，聰穎而賢慧的后妃自然受寵。所以，她們平時也會加強學習。下棋，有圍棋等。慈禧有〈弈棋圖〉傳世：圖中畫一方桌，桌上擺著一盤正在進行的對局棋。慈禧端坐在桌子的左方，面帶微笑，手拈棋子，右方有男子陪弈，持子侍立，有人說那是太監李蓮英。從這幅畫中絲毫看不出，慈禧是個大權在握的獨裁者。

此外書法練字，陶冶情操，也是宮中常見的消遣。《養吉齋叢錄》（按：清代史料筆記，清官吳振棫所著）記，自康熙帝開始，皇帝會在除夕前一日，向近臣、近侍等賜「福」字，以後相傳不替，后妃則會仿效。有時皇帝會請女師傅來教她們練寫「福」、「壽」等字，如慈禧太后在聽政之餘，頗感宮闈寂寞，便找來筆硯，繪畫練字。慈禧雖天資聰穎，但字畫的純熟需要練就真功夫，慈禧有些望而生畏。

恰好此時，有一位雲南督撫的夫人**繆嘉蕙**，**擅長書法又中年喪夫**，以賣字畫為生，於是被推薦入宮。慈禧果然十分賞識繆嘉蕙，**特免其行跪拜禮**，**賜穿三品服色**，**月銀兩百兩**（一兩銀當時可買一百一十斤糧食），每日在後宮指點慈禧練字繪畫。慈禧性情急躁，稍不順心就翻桌，拋掉筆管。繆嘉蕙不慌不忙，命人扶好桌子，重新整理筆硯，凝神坐下，揮毫潑墨，一行行秀雅玲瓏的字映入慈禧眼中。她轉怒為喜道：「繆卿果然真功夫。」繆嘉蕙見慈禧高興，便開始指導她作畫寫字。

慈禧喜歡祥瑞，作畫多為「海屋添壽」，有雲水殿閣及仙鶴飛翔；「靈仙祝壽」，有蟠桃、靈芝、蝙蝠、水仙；「富貴長壽」，有牡丹、青松、綬帶鳥。畫完由繆嘉蕙校正後，加蓋「慈禧皇太后之寶」印章。慈禧像其他帝王一樣，喜歡賞字於臣，便練寫大字，主要有「福」、「壽」、「龍」、「鳳」、「美意」等。

由於慈禧年事已高，練大字很吃力，但她十分有自信，堅持不懈，終於有所長進，不久，便有許多加蓋慈禧印章的大字賞人。這些大字**線條流暢**、**遒勁有力**，頗見功底。很多臣子頗以得此字為榮幸之至，爭相乞賜。慈禧覺得力不從心，乾脆由繆嘉蕙代筆書寫，照樣加蓋印章賞人。（按：輸入「慈禧書法」，可以搜尋到她的作品。）

清宮也有其他妃嬪習作書畫的紀錄，如號稱「懶夢山人」、同治帝的瑜妃，精通文墨，擅作詩文；而同治帝皇后阿魯特氏，不僅知書達禮，並精於書法，尤其擅長左手寫大字；光緒帝瑾妃，也有山石扇畫流傳於世，其畫線條細膩，頗有古風。

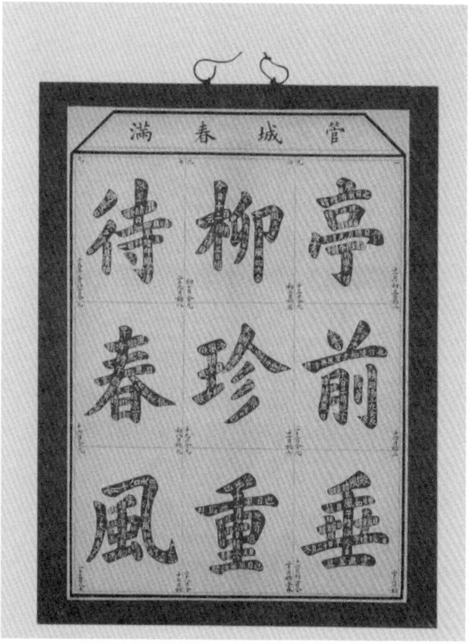

▲ 九九消寒圖，每個字都是九畫，寫完得 81 天。

二是九九消寒。這是一種流傳很廣的宮中娛樂活動。冬至開始，漫長難熬的冬天來臨了。於是，宮妃們採用九九消寒之法來打發冬日。即選出九個字，像「雁南飛哉，柳芽待春來」、「亭前垂柳，珍重待春風」，或「春前庭柏，風送香盈室」，各句中**每字均為九筆**（繁體字）。頭九第一天寫一筆，每日一筆，寫完第一個字，頭九過去了，寫完九個字，八十一天之後，冬去春來。這些有的是皇帝御製，如「亭前垂柳，珍重待春風」為道光帝御製，也有乾隆帝御製一說，並有許多詩傳世，如《九九消寒詩》、《寒梅吐玉詩》、《管城春滿消寒詩》。

《九九消寒詩》

頭九初寒才是冬，三皇治世萬物生，堯湯舜禹傳桀世，武王伐紂列國分。

二九朔風冷難擋，臨潼鬥寶多逞強，王翦一怒平六國，一統天下秦始皇。

三九紛紛降雪霜，斬蛇起義漢劉邦，霸王力舉千斤鼎，棄職歸山張子房。

四九滴水凍成冰，青梅煮酒論英雄，孫權獨占江南地，鼎足三分屬晉公。

五九迎春地氣通，紅拂私奔出深宮，英雄奇遇張忠儉，李淵出現太原城。

六九春分天漸長，咬金聚會在瓦崗，懋公又把江山定，秦瓊敬德保唐皇。

七九南來雁北飛，探母回令是延暉，夤夜母子得相會，相會不該轉回歸。

八九河開綠水流，洪武永樂南北游，伯溫辭朝歸山去，崇禎無福天下丟。

九九八十一日完，闖王造反到順天，三桂令兵下南去，我國大清坐金鑾。

三是玩偶。民間的成年人可能對玩偶沒什麼興趣，在宮中卻不然。起初，木偶玩具是小皇帝或小皇子、小公主的玩具，後來宮妃無聊時也會一起玩。玩偶的種類很多，有小動物模型，也有會動的，有的還會發出各種聲響，製作十分精巧，妙趣橫生。

四是養寵物。清宮的御花園有鹿苑，並放養著仙鶴；內務府有養畜牲、養狗等的地方，東華門（紫禁城東門）內東三所，是宮內養狗處。這些牲畜在宮裡待遇很高，有得吃、有得穿，還有養牲帳簿記錄著日撥口糧。雍正帝有「狗癖」，曾親自設計狗窩、狗衣等；慈禧太后流傳於世的照片中，就有與愛犬的合影，而且，竟有大臣祈斌為其愛犬畫像，敬獻給慈禧。慈禧的愛犬也有狗衣流傳下來，用緞做成，做工精細，令人咋舌（網路搜尋慈禧，狗衣）。

五是畫像。為了排遣時日，皇帝會請來技法高超的畫師為后妃畫像。如義大利人郎世寧、美國人卡爾等。歷代后妃都有傳世的畫像。其中有朝服像、常服像、漢裝像和戎裝像，五花八門，雖不見得逼真，卻也可從中看出清宮后妃大致的容貌。后妃們坐著等畫師們一筆一筆的畫，如果是脾氣好的，會一直等下去，但慈禧卻不然。當卡爾為其畫像時，**她嫌畫得太慢。卡爾只好先畫好衣服，再請出太后來補畫臉部**。

六是信佛、扮佛。清廷崇信佛教，宮中有很多佛堂、佛具。而后妃們也透過信佛念經，在香煙裊裊中排遣時光。清宮主子們有的還扮成佛像，如乾隆帝扮文殊、慈禧扮觀音。有的人甚至稱自己為老佛爺，如康熙帝、慈禧。

七是鬥牌。中國是紙牌的發源地，玩紙牌興於唐朝，距今已有千餘年的歷史了。清宮造辦處中有紙牌木模，用來印製紙牌，供后妃們娛樂。紙牌的形式有兩種：一種為「幺（此字有數目一的含義）萬」到「九萬」、「幺餅」到「九餅」、「幺條」到「九條」，每種圖形四張，共一百二十張；另一種為《三國》、《水滸》人物，三十個人物各四張，共一百二十張。

其玩法和打麻將相似。那些宮中太后、太妃及當朝后妃，為了打發難熬的無聊時光，會在自己的宮中與太監、宮女們玩牌，不過宮中不許賭博（太妃除外），雖有時也玩擲骰子，但不賭錢，只看輸贏賞錢。

八是學習刺繡。宮中的衣食穿用雖不須后妃們親自動手製作，但那些手巧的后妃還是會受皇帝的青睞，這是中國傳統觀念對女子的要求。因此那些宮中的后妃，也會在閒暇時學習針織女紅，達到排遣寂寞的目的。

咸豐的庸俗和慈禧的荒唐，從戲目可知

清宮的后妃基本上都是戲迷，因為唱戲、聽戲是當時最令人們感到愉快的樂事。每逢節慶，如皇帝登基、萬壽節（皇帝的生日）、阿哥或公主生日、后妃生育、立春、上元（元宵）、端午、七夕、中秋、重陽、冬至等，都要上演戲劇。戲目無非是帝王將相、神仙鬼怪的故事，有《萬壽長生》、《福壽雙喜》、《四海昇平》等，戲種有崑腔、弋陽腔等。

唱戲的時間通常是在**早上六點至七點開戲**，下午兩點至四點散戲。地點有很多，但以寧壽宮的暢音閣大戲臺最有名。

關於宮中唱戲，有許多故事。一是咸豐帝是個戲痴，曾親自上演一部思春戲《小妹子》。**咸豐帝的荒唐和庸俗，在他所點的戲目上反映出來**。咸豐六年正月，資料記載著咸豐帝與昇平署（管理宮廷戲曲演出的機構）太監的一段對話。

第3章：腦袋是有洞還是有動，就看玩樂的心思

問：有會唱《小妹子》的嗎？

答：沒有。

問：原先誰唱過？

答：吉祥、李福唱過，已故了。

咸豐帝非常失望，他多麼希望能馬上看到這齣戲。他下旨給昇平署：「迅速學出《小妹子》來，欽此。」

這齣戲的內容是什麼，對咸豐帝竟有這麼大的吸引力，達到著魔的程度？《小妹子》又名《思春》，原為崑腔戲，曾被收入清刻印的劇本選集《綴白裘》裡。是

▲ 清宮戲衣。

一部典型的思春戲，其核心的情節是被情夫拋棄的婦人，哀憐的發出對負心郎的怨恨。

其中的部分唱詞是：「當初呀，我和你未曾得手的時節，恁說道如渴思漿，如熱思涼，如寒思衣，如饑思食。你便在我的跟前，說姐姐又長，姐姐又短，又把那甜言蜜語來哄我。到如今，才知道你得手的時節，便遠舉高飛……負心的賊！可記得，我和你在月下星前燒肉香疤的時節？我問你那冤家呀，改腸時也不改腸？聽信你，說永不改腸，才和你把那香疤來燒。誰想你忘恩薄幸，虧心短命的冤家！」

這段唱詞，咸豐帝都能背下來，臺上的演員稍有差錯，他都能指出來。為了迎合咸豐帝，昇平署特地請來師傅，並招選貌美如玉的姑娘學演《小妹子》。經過二十多天的趕排，於三月十五日在圓明園同樂園演出。女演員搔首弄姿，頗得帝寵。咸豐帝看得非常認真，他邊看邊唱邊指點，最後，他竟上臺與演員對白。之後，這齣戲多次在宮中上演。

二是雍正帝曾「杖殺優伶」。

《嘯亭雜錄》記載，雍正帝有一次看雜劇，此劇演的是有關常州刺史鄭儋打子的故事。扮演常州刺史的伶人（戲曲演員）曲技俱佳，雍正帝觀賞後十分高興，給了這位伶人許多獎勵。可是，這位伶人竟有些得意忘形，問皇上當今常州刺史是誰。雍正帝立刻翻臉，叱喝道：「汝優伶賤輩，何可擅問官守？其風實不可長！」接著下旨，將此優伶立即打死。真是伴君如伴虎，因為一句話就丟了腦袋，誰還敢說話？（刺史是唐朝的官，清朝沒有，死得也夠冤了。清朝的省轄市長叫知州，不叫刺史。）

三是慈禧看戲。

慈禧是個戲迷。每月的初一和十五是慈禧固定看戲的日子，風雨無阻。看戲的地點是暢音閣，不管她住在哪裡，儲秀宮也好，樂壽堂也好，養心殿也好，只要到這兩天，她都會到暢音閣去聽大戲。

慈禧看戲不怕花錢，光緒二十年十月初十是她的六十大壽，宮裡宮外張燈結綵，到處都是戲臺，總共有二十二個。不僅**宮內的戲班子輪番登臺，還請來很多外面的戲班子**，像是「同春班」、「慶春班」、「四喜班」等，應有盡有。那些名角像譚鑫培、楊小樓、劉趕三等都趕來祝壽。慈禧喜不自勝，到處賞銀子，光聽戲就花費五十多萬兩銀子。這一年中日**甲午戰爭，清朝戰敗，慈禧居然還有心情看戲取樂。**

3 皇帝的孝心愛意不是演的，年夜飯不是吃的

清宮和民間一樣，有很多節慶，其中最重要的節日是春節、萬壽節和聖壽節。萬壽節是皇帝的生日，聖壽節是皇太后的生日。適逢節日宮中都要盛大慶祝。

清宮非常注重「孝」字，因為孝敬長輩是中華民族的傳統美德，尤其在節慶裡更是如此。清朝的帝王們提出「以孝治天下」的治國、治家理念，奉行幾百年沒有改變。我們從帝王過春節、幫皇太后過生日的事件中，就能清楚的看到這一點。

和皇帝吃年夜飯是痛苦折磨

清宮過春節的習俗，大致上和民間相同，但多了幾分神祕與隆重，我來講幾個清宮過春節的奇葩故事。

一是吃素餡餃子。這是清宮與民間的不同之處，民間平時可能吃不到肉，只有到過年時才殺豬宰羊。大約過了臘八，就開始殺豬了。巷弄間還流傳這樣的諺語：「小孩小孩你

別哭，過了臘八就殺豬。」但皇宮平時就供應很多豬肉，還有其他各種雞、鴨肉等，所以到過年時，反而要吃一點素餡的餃子。

歷史資料記載，每到元旦，在弘德殿（位於紫禁城乾清宮西側的小殿）進「素餡煮餑餑」——**滿族人把餃子叫做餑餑**。其中，有個餃子裡包了一個大銅錢，誰吃到了，誰就得到新年的好運。

而且清宮規定，這種餃子，宮裡的每個人都要吃，不管是主子還是奴才，不管是地位高的還是品級低下的。更可笑的是，慈禧曾經關照過紫禁城內的老鼠，她專門告訴太監：「看看什麼地方有老鼠洞，在洞門口也放一些餃子。」這些老鼠過年時，可要感謝慈禧老佛爺了。

二是不許做忌諱的事。清宮過年，下人們在主子面前要特別注意。例如，不能說忌諱的話，像是「死」、「殺」等。也不能做忌諱的事，例如，民間有初一至初五不許用剪刀和針線的風俗，免得來年惹上官司或血光之災，宮裡也信這個。

歷史資料記載，每到大年三十下午，儲秀宮的總管就會向慈禧報告：「剪刀和針線全部都按照規定藏好了，請老佛爺放心。」這樣，無論再怎麼需要，這五天都不許使用這些犯忌諱的東西。到初六，慈禧還要在儲秀宮裡舉行儀式，鄭重的把剪刀等請出來，交給相關人員，表示從即日起可以使用。

三是吃得很辛苦的家宴。這個家宴指的是「乾清宮家宴」。**大年三十這一天，皇帝不再**

單獨進膳，而是要和后妃們一起進膳。這聽起來是好事，后妃們應該千恩萬謝，因為皇帝平時根本不和她們同桌吃飯。可是，**皇帝的后妃們並不喜歡這個家宴**，有的妃嬪甚至懼怕這一天的到來，為什麼？

一、**三六九等，並不同桌**。說是皇帝與后妃同樂，可是，這個家宴卻分級森嚴，給人非常壓抑的感覺。皇帝面南背北坐「金龍大宴桌」，后妃則分列東西兩邊；而東西兩邊中，又以東邊為尊貴，西邊較低下；同樣是東邊，又從北邊開始分出高低貴賤，最北邊離皇帝最近的是頭桌，接著是二桌、三桌、四桌……西邊和東邊一樣，排列著桌子。

二、**音樂讓人心煩**。乾清宮家宴並不平靜，不是皇帝與后妃們靜悄悄的說說話、吃吃飯，而是像上朝一樣，反覆演奏著煩人的音樂。皇帝出場奏《元平之章》、皇后率妃嬪向皇帝行禮奏《雍平之章》、皇帝后妃等用膳開始奏《海宇昇平之章》、上水果奏《萬象清寧之章》、上酒奏《玉殿雲開之章》……這哪像吃飯，妃嬪們心裡簡直是煩透了，還有什麼心情吃飯？

三、**不斷行禮**。這些后妃們出場赴宴要分等級，最低下的先到，等著級別高的，直到皇后出現。眾位后妃全部到場後，**大家反覆行禮，早已精疲力竭，但這僅僅是開頭**。皇帝登場後，才算真正行禮的開始。

皇帝登場，眾人起身離座行禮，皇帝落坐行一拜禮；皇帝敬酒，后妃們要離開座位，跪下行一拜禮；皇帝敬完酒，后妃要按等級分別離座向皇帝敬謝，行二肅一跪一拜禮；家宴完畢，皇帝起座離開，后妃要離座起身按順序排好隊，行禮送別皇帝。

四、**沉重的春聯和《宮訓圖》**。滿洲在關外時，崇尚白色，不喜歡紅色。入關之後，清朝皇帝仍沿襲這個習慣。春聯都是以白絹書寫，外包藍邊，內鑲紅條。這種做法，讓那些漢族女子看了非常沉重，感覺不像是過春節。

至於《宮訓圖》，就是以歷史上的十二個后妃畫成圖像，從臘月（農曆十二月）二十六日開始，就在東西十二宮中張掛，到第二年的二月初三再收起來。在哪個宮殿掛什麼，都有具體的規定：景仁宮為《燕婕夢蘭圖》；承乾宮為《徐妃直諫圖》；鍾粹宮為《許后奉案圖》；延禧宮為《曹后重農圖》；永和宮為《樊姬諫獵圖》；景陽宮為《馬后練衣圖》；永壽宮為《班姬辭輦圖》；翊坤宮為《昭容評詩圖》；儲秀宮為《西陵教蠶圖》；啟祥宮為《姜后脫簪圖》；長春宮為《太姒誨子圖》；咸福宮為《婕妤擋熊圖》。

后妃們看到這些《宮訓圖》，心情非常沉重，因為這些圖就像大山一樣，壓在她們的心裡，毀掉她們的青春、愛情和自由。

五、**聽不完的鞭炮聲、讓人看到飽的煙火**。皇宮平時不允許放煙火、爆竹，因為宮殿建築多用木材，怕引起火災，但過年時例外。過年燃放爆竹從臘月十七日開禁，道光丙戌年改為臘月十九日。臘月二十四日以後，皇帝出宮，每過一門，內監都要放一枚爆竹，入宮時也要燃放。聽到爆竹聲，大臣就大概知道皇帝轎子的遠近了。

妃嬪們最享受的還是元宵節放煙火，因為放煙火時，她們能離開沉重的紫禁城，到圓

▲ 乾清宮家宴，一晚上看盡、受盡世態炎涼。

明園玩。資料記載，乾隆時自正月十三日起，即奉皇太后至山高水長殿前看煙火，至收燈（正月十九日）止。

放煙火前會先舉行盛大宴會，大家可以坐在一起盡情享受佳餚。宴會完畢，再觀看各種演出，有西洋秋千、蒙古音樂、摔跤、爬竿、冰嬉、羅漢堆塔、回部音樂等。最令人開心的是晚上燃放煙火，星火遍燃、萬響齊發，讓人眼花撩亂，心情非常舒暢。據說，活動結束後的**爆竹殘紙有一寸多厚**，步軍統領要率兵潑水，謂之「壓火」，真是一派盛世景象。

▲ 孝惠章皇后，先苦後甘的好命女。

康熙帝的孝順不是「演」的

這裡講的是康熙帝孝敬他的嫡母孝惠章皇后的故事。康熙帝親生母親死得早，他八歲喪父，十歲喪母。可是，他的嫡母卻很長壽，一直到康熙五十六年才去世，活了七十多歲。她全憑這個非親生的兒子康熙帝照顧，因為她一生沒有生育子女。

說起來，孝惠章皇后很不幸。她十四歲進宮，嫁給順治帝。可是，順治帝不喜歡這個女人，三番兩次想廢后，多虧孝莊皇后阻止。孝惠章皇后在宮中苦苦守了七年活寡，直到順治帝去世，康熙帝即位，她成了真正的寡婦。但是，康熙帝對她很孝順，雖不是親生母親，卻百般照顧，孝惠章皇后反而覺得很幸福，因為她很感謝孝莊，孝莊死時孝惠章哭到不能自已，從此康熙對她越來越好。說起康熙帝對嫡母的孝順，史料有很多記載。

例如，康熙帝怕嫡母寂寞，就把自己的皇五子胤祺和五公主交給嫡母帶。有小孩子在身邊，孝惠章皇后倍感開心，覺得生活很有趣，也不會感到寂寞了。

康熙帝也會逗嫡母開心。孝惠章皇后年老後，經常唉聲嘆氣。康熙帝很擔心，便問個究竟。孝惠說：「最近我的牙齒掉得厲害，有的牙還很痛。」康熙帝一聽就笑了說：「母后有所不知，這不是壞事，是好事。」孝惠章皇后很納悶，覺得康熙帝在騙他。康熙帝說：「我常聽人說，老人的牙如果掉了，或者疼痛，對後代大有好處。您想，您的牙又疼還掉了，這不是好事嗎？」孝惠章皇后一聽就破涕為笑了。不過，康熙帝最孝順的一件事，還是他為母后跳舞過生日。

康熙四十九年正月十六日，是孝惠章皇后七十大壽。宮裡宮外格外忙碌，到處張燈結綵，呈現出一派喜氣洋洋的景象。皇太后生日在宮中稱「聖壽節」，歷來十分重視，尤其是遇到皇上、皇太后大壽，宮中便提早做準備，加以慶賀。這次孝惠章皇后七十大壽，康熙帝決定大肆慶祝，以表達自己的孝心。孝惠章是國歷史上身居后位最久的人，長達六十四年。

正月十六這天，宮中大宴賓客，又請來戲班子，好不熱鬧。康熙帝一邊陪太后看戲，一邊說些為太后祝壽的吉祥話。一場戲結束，五十七歲的康熙帝突然走上戲臺，要跳蟒式舞為太后祝壽。

聽到康熙帝要當演員，以帝王之尊跳舞，孝惠章皇后連忙站起，要勸阻皇帝，因為皇帝的歲數實在太大了，不宜跳舞。可是，康熙帝興致勃勃的朝太后施禮祝壽後，便跳了蟒式舞——滿洲傳統的筵宴歌舞，在民間流傳已久，不知何時傳入宮中。舞蹈形式為九折十八式，舞者舉一袖至額頭，反過一袖至後背，盤旋作勢，形似巨蟒跳躍，所以叫蟒式舞。

九折即九組動作，一為起式，二為拍水即打魚動作，三為穿針即織網動作，四為吉祥即歡慶動作，五為單奔馬即打獵動作，六為雙奔馬即出征動作，七為怪蟒出洞即龍舞動作，八為大小盤龍即龍戲水動作，九為大圓場即歡慶動作；十八式即十八個舞蹈姿勢，有手、腳、腰、轉、飛各三式，肩二式，走一式。做完這些動作，康熙帝額頭已微微出汗，孝惠章皇后感動得站了起來，連忙說：「皇帝孝心，天地昭昭，請歇息，不要累著。」母子親情，油然而生。

甄嬛有多好命？

是誰說甄嬛是有福之人？是皇帝說的。究竟是哪一位皇帝，會對這位女子說出這樣的話？那就是她的公公康熙帝。事情發生在康熙六十一年，正是牡丹花盛開的季節，胤禛請父皇康熙帝到雍親王府邸獅子園賞牡丹花。

其時，十二歲的弘曆隨父王一同覲見。康熙帝看這個孩子長相俊美，又聰明伶俐，十分喜愛。弘曆也很爭氣，在眾人面前背誦了周敦頤的《愛蓮說》。康熙帝大喜，認為後繼有人，十分高興，於是說了一句語驚四座的話，說弘曆「福將過予」（《乾隆帝御製詩文集》）。意思是這個孩子的福氣將超過我。然後，他命令雍親王妃把弘曆親生母親叫來看看。甄嬛就這樣第一次拜見了自己的公公康熙帝。

康熙帝看到甄嬛之後，有什麼反應？《清列朝后妃傳稿》這樣記載：「皇祖連謂之有福之人。」也就是說，康熙帝看了媳婦後就笑了，連說她是有福之人。這一次在獅子園牡丹臺相見，對於甄嬛來講至少有兩大收穫：

第一，提高自己的政治地位，最重要的是為自己的兒子帶來了福運。康熙帝想藉甄嬛的相貌，來預測一下她的兒子弘曆將來的命運，是不是一個可以託付江山社稷的人。乾隆帝即位後感慨的說：「仰窺皇祖恩意，似已知予異日可以託付，因欲豫觀聖母福相也。」（《乾隆帝御製詩文集》）

第二，獲得了「有福之人」的稱號。康熙帝的這番話不脛而走，不僅王府上下人盡皆知，就連皇宮大內也傳開。這可能是胤禛出於政治目的自我宣傳，尤其是弘曆即位後，更把這段對話記錄在案。

▲ 乾隆帝為母祝壽圖，這幅畫已使用西畫的透視技巧。

甄嬛的好運來了，她在宮中的地位不斷攀升。**本來，甄嬛入宮有兩個致命的弱點，一是地位低下**。她的父親是一個四品典儀官，只不過相當現今中國的廳級幹部，這在等級森嚴的皇宮之中不占優勢。我們在《甄嬛傳》中看到華妃飛揚跋扈，絲毫不懼怕皇后，就連皇帝也要讓她三分，就是因為華妃的哥哥年羹堯握有重兵，是皇帝的輔佐大臣。事實就是這樣，以甄嬛的出身，想要在宮中很難占有一席之地。

二是她的長相實在讓人難以恭維。我們不妨看看甄嬛的歷史畫像，方盤大臉、方面大耳、濃眉大眼、女人男相，也難怪康熙帝看到後，會笑著說她確實不是一個美人。

幸運的是，**雍正帝並非一個好色之**

徒，對於女人的關心，遠不如他對儲位的關心。不停的角逐儲位，使他不在意嬪御的長相。她很有福，偶爾和胤禛的幾次接觸，就僥倖的懷孕了，而且，還生下了一個男孩，讓她足以自豪的弘曆。生下弘曆，她連升兩級，為自己晉升妃位鋪好道路。

所以，雍正帝一即位，在雍正元年，她就順利被封為熹妃，「頃之，又進貴妃」（《清列朝后妃傳稿》）。實際上，《清列朝后妃傳稿》記錯了，直到雍正八年，熹妃才晉升為貴妃。儘管如此，熹妃在宮中還是達到了至關重要的地位。據資料考證，到雍正三年，熹貴妃就已經成為宮中的二號人物，幫助皇后打理後宮；到雍正九年，中宮皇后病逝，熹貴妃總理後宮，獨攬大權，成為後宮堂堂正正的頭號人物。

這等福運，不得不說得益於當年公公康熙帝的金口玉言。當然，熹貴妃真正的福氣還是因為兒子當了皇帝，她成了高高在上的皇太后。

熹貴妃當了四十二年的享福太后。雍正帝去世，她雖然失去丈夫，但她的兒子當了皇帝，自己成了皇太后，比以前更加享福。

第一，多次在兒子的陪伴下遊山玩水。乾隆帝有很多微服私訪的記載，其實，乾隆帝每次出巡，都是打著孝敬母后的旗號。

《嘯亭雜錄》記載：「純皇侍奉孝聖憲皇后極為孝養，每巡幸木蘭、江浙等處，必首奉慈輿，朝夕侍養。」**四次南巡**：乾隆十六年、乾隆二十二年、乾隆二十七年、乾隆三十年，總天數近五百天。**三次巡幸五臺山**：乾隆十一年、乾隆十五年、乾隆二十六年，達一百餘天。**四次東巡泰山**：乾隆十三年、乾隆二十一年、乾隆三十六年、乾隆四十一年，多達一百八十餘天。**兩次巡幸盛京**，也就是瀋陽：乾隆八年、乾隆十九年，多達兩百六十天。此外，乾隆帝還**陪著母后到避暑山莊二十九次**。可以想像得到，每次出巡浩浩蕩蕩，不僅朝廷要花費大量銀兩，地方官員還要極盡報效之能事，使太后享盡人間富貴。

第二，太后過生日，靡費無度。「甄嬛」的生日是十一月二十五日，每到這一天，她的兒子都會幫她過生日。她當皇太后時是四十四歲，之後她當了四十二年太后。在宮裡，乾隆帝幫她慶祝了好幾次大壽：乾隆十六年六十大壽，乾隆二十六年七十大壽，乾隆三十六年八十大壽。每次大壽，宮廷內外都大肆慶祝。

像是從西華門（紫禁城的西門）到西直門（北京城牆西北方的一個城門，一九五〇年代被拆除）此段距離，建起亭臺樓閣，張燈結綵，到處建戲臺，呈現一派普天同慶的景象。另外，乾隆帝給母后的禮品是：白銀一萬兩、珍珠六百串、珊瑚珠六百串、綾羅綢緞一百匹，還要連續五天進獻九九禮，就是每天進獻八十一件珍貴大禮。除了西華門到西直門之間連續五天唱大戲之外，在紫禁城、圓明園，也要連續五天唱大戲，請來國內頂級的戲班子為太后助興。甄嬛生日前後各四天，共九天的時間，要在壽安宮大宴賓客，乾隆帝每天向母后祝酒慶祝，歷史上也留下了乾隆帝祝酒的畫面。

4 結伴旅行是觀察（康熙、乾隆）人品最好時機

說到皇帝出巡，其實就是到處遊山玩水。由於皇帝出巡會浪費大量國帑，所以對外公布出巡的理由都很冠冕堂皇。實際上，皇帝的出巡大都會夾雜個人目的，有些甚至難於啟齒。

康熙帝為什麼這麼愛五臺山？

有資料記載，康熙帝曾登上五臺山五次。康熙十五年是第一次，康熙二十二年是第二次登五臺山。那麼，康熙帝頻繁到五臺山去做什麼？原因眾說紛紜，其中有一種說法很有趣——康熙帝到五臺山尋父。康熙帝的父皇是順治帝，有人說順治帝出家到五臺山當和尚，所以康熙帝即位後，多次到五臺山尋找親生父親。

還有一個故事：康熙帝到五臺山尋父，遇到一件怪事。某一天，他在山坳處看到一個老和尚搖搖晃晃走來，便上前施禮詢問：「師傅，請問您知道當年順治爺出家這件事

嗎？」老和尚哈哈大笑道：「貧僧當然知道。」老和尚講了很多，但語句混亂沒什麼順序，康熙帝便問道：「還請問師傅，您的法號是什麼？」也許將來再到五臺山，可以再聯絡這位老和尚。

誰知道這個和尚沒有直接回答，卻作了一首詩：「一字寫出四筆成，既無豎來也無橫。負薪寺中交上去，斧頭和尚是我名。」老和尚瘋瘋癲癲，也有人說老和尚自稱「八乂和尚」。康熙帝一看問不出究竟，便傳旨回宮。回到紫禁城，他悶悶不樂的去見奶奶孝莊。孝莊問明緣由後，說：「哎呀，這個瘋和尚是裝的，他就是你的父皇。你想想，『斧頭和尚』的『斧』字有父親的『父』字；『八乂和尚』其實就是父親的『父』。」康熙帝恍然大悟，再次趕往五臺山尋父，卻再也沒有見到那個瘋

▲ 孝莊皇后像。

和尚，使其倍感遺憾。

這個故事聽起來很神奇，都為康熙帝錯過尋父的大好機會而感到惋惜。那麼，康熙帝的父親順治帝真的出家當和尚了嗎？無獨有偶，清史資料中，還真記載了順治帝剃髮為僧的經過。

順治十七年八月十九日，順治帝的寵妃董鄂妃去世，順治帝非常悲傷，可以用痛不欲生來形容。他睡不著覺，每到黑夜就看到愛妃的身影在眼前晃來晃去；茶飯不思，開始鬧絕食；鬧上吊，大吵大鬧說董鄂妃死了，我也不活了；鬧出家，說我乾脆落髮為僧，找來大和尚茆（音同「毛」）溪森，幫自己剃了頭髮。

還有一個很奇怪的現象，就是發生在清東陵中的怪事。清東陵有十五座帝、后妃陵寢，在民國年間，時局動盪，先後發生數次大盜案，例如一九二八年孫殿英盜案，一九四五年年底張盡忠、王紹義盜案等等，清東陵幾乎被洗劫一空，但**唯獨順治帝的孝陵沒有被盜掘**。關於這件事，有一個很傳奇的說法：因為順治帝早年出家到五臺山，地宮中沒有屍體，也就沒有棺材，所以沒有什麼殉葬品。還有人說，孝陵地宮是順治帝的衣冠塚，只埋葬了順治帝的一雙鞋子和一把扇子。所以沒有寶物，便沒人去盜掘。

那麼，真相到底如何？順治帝真的到五臺山出家了嗎？

查閱資料，發現順治帝在董鄂妃去世之後四個月，於順治十八年正月，因身體虛弱不幸感染天花病毒，病情十分嚴重，到正月初七便去世了，年僅二十四歲。他去世後，裝滿寶物的大棺材被運往景山，在那裡舉行了火化儀式，他的屍體連同滿棺珍寶化為灰燼。

這就是歷史真相。其實五臺山是中國唯一漢傳佛教與藏傳佛教寺廟並存的道場。康熙的心思由此可知。

一次艱難的旅行，見康熙帝的貼心

清宮中的女眷，最喜歡出去玩。因為不僅能呼吸新鮮空氣，還能見世面。這裡談的是康熙帝德妃的一次出遊。

德妃，烏雅氏，她是康熙帝最喜愛的女人。雖然家境不太顯赫（三品軍官之女），但很受康熙帝喜愛，前後生了六個子女，是康熙帝後宮中的生育冠軍。在德妃內心中，她覺得自己最幸福，一個女人所應有的一切她都有，男人關照、兒女雙全、錦衣玉食的生活、不錯的封號等。每當德妃合上雙眼休息時，她和康熙帝幸福的情景就浮現在腦海中。

德妃對康熙帝感情至深，舉個例子：康熙三十六年春天，康熙帝三征噶爾丹。當時戰事倥傯，康熙帝指揮作戰非常辛苦，也非常勞累。戰歇之際，康熙帝突然想起了德妃，便寫了一封情書給她，表達對她的思念之情。寫完後，裝在信封裡並寫上「給永和宮」。當時，德妃就住在永和宮。此信火速送往紫禁城，德妃打開這封情書，讀著讀著便滿臉通紅，因為她也想起了她的夫君康熙帝。

▲烏雅氏孝恭仁皇后，一生好命，唯一的憾事是兒子當上皇帝。

正因如此，康熙帝千方百計哄德妃開心，並早就規畫好帶她到南方去玩。宮中的女眷最大的心願，就是跟隨皇帝出去遊玩，尤其是到南方旅遊。北方還是萬物肅殺的季節，南方就已花開滿園。但皇帝不可能把每個妃子都帶出去，因此大家努力爭取每個機會。

康熙四十六年正月二十二日，康熙帝去江南旅遊，當然德妃也能一起去。她太高興了，興奮到晚上都睡不著。康熙帝一行浩浩蕩蕩，從北京出發，目的地是江蘇揚州。隨著季節、溫度的變化，德妃的心情也跟著變化。可是，正當德妃一路興奮不已時，她的身體出了狀況——她的氣喘發作，而且一天比一天嚴重。

這讓康熙帝很著急，德妃經過太醫們的診斷，終於釐清原因。德妃是北方人，冬季北方寒冷，而南方溫暖如春，她不太適應氣候的變化，導致氣喘發作。康熙帝非常心疼她，日夜不離的呵護在身旁。德妃有些難為情：「皇上回去吧，不要為了我而壞了心情，也不要累壞了身體。」康熙帝深情的看著德妃道：「愛妃不要多想，朕好著。只盼著妳能快快好起來。」德妃聽了康熙帝的話，一股暖流湧上心頭。不管怎麼樣，這次江南之行太辛苦了，讓德妃心裡很沉重。

到了五月，康熙帝結束江南之行回到北京。他們乘著龍舟，沿著大運河一路北行。五月十八日，龍舟到達天津碼頭，康熙帝命宮女們攙扶著身體虛弱的德妃下船。當德妃走下龍舟抬頭一看，眼前的景象讓她驚呆了。

她看到了什麼？她的兩個兒子，胤禛和胤禵正在等候母親的到來。兩個兒子跑過來，給父皇和母親請安後，便抱住母親久久不願放開。德妃納悶問道：「你們怎麼會知道我們今天到達？」胤禛道：「是父皇特意安排的，告訴我們不要來早了，白白等候；也不要晚了，接不到你們。」德妃眼睛溼紅，看著康熙帝這麼細心照顧自己，便趕忙彎下腰感謝康熙帝的周到安排。

康熙帝六十一年十一月十三日，康熙帝去世，九個兒子爭奪皇位，偏偏是德妃的兒子胤禛即位，就是雍正帝。一般人認為，德妃的大好日子要來了。可是誰都沒有想到，德妃沒有感到幸福來敲門，反而非常沮喪。所以，她做出了非常令人意外的決定。

一是不搬家，雍正帝告訴她，正為她修建太后寢宮，請她搬出永和宮，她說不搬家；二是**不當太后，就當一輩子德妃**。雍正帝摸不透母后的心思，他苦苦求母親節哀，不要因為康熙帝去世而太過悲傷，同時，要她盡快搬家，接受太后的封號。但德妃總是思念康熙帝，無法走出失去夫君的痛苦。在第二年的五月二十二日，德妃又做出了一個驚人舉動——**撞柱殉葬。她真的這麼做了**，血流如注，儘管太醫竭盡全力搶救，仍然沒有挽回德妃的生命，第二天她就去世了，去追隨康熙帝的靈魂。

乾隆出門旅遊，就有皇妃要倒楣

乾隆帝有個愛好，那就是遊山玩水。很多電視劇都這樣演，乾隆帝在出巡中微服私訪，歷經許多神奇事件。可是，**乾隆帝的出巡卻有一個非常奇怪的現象——每當出巡就出事**，甚至高高興興出巡，帶回來的竟然是屍體。舉幾個例子。

一次是孝賢純皇后病逝於出巡途中。乾隆十三年二月，乾隆帝奉皇太后，率領皇后富察氏等出巡山東，這次出巡是乾隆皇帝提議的。剛過完春節，乾隆帝就對皇后富察氏說：「咱們去登泰山吧，去去晦氣。」原來，他和皇后所生的皇子永琮剛剛去世，兩個人的心中都很難受。永琮原本是他們最後的希望，準備確立為皇太子，實現乾隆帝立嫡的夙願。

小永琮剛兩歲就夭折，立嫡的願望無法實現，**最難受的不是乾隆帝，而是皇后。兒子死了，自己年近四旬，很難再生育皇子**，所以皇后鬱鬱寡歡。其實，她已無法走出喪子之痛，根本不想出去遊玩。

但乾隆帝提出此事，她無法拒絕，況且有皇太后跟隨，她最愛旅遊了。皇后只好強顏歡笑，跟隨乾隆母子遊玩山東。在大明湖泛舟，觀賞趵突泉；登泰山極頂，一覽眾山小。三月回鑾，一行人到德州時，乾隆帝提議改走水路，於是皇后和大家一起坐龍舟，沿著大運河北上。不過，那時皇后身體虛弱加上天氣還是春寒料峭，因此她感冒病倒在床。撐到三月十一日，竟然一病歸天。乾隆帝在皇后屍體前失聲痛哭，沒想到自己竟然把皇后送上黃泉路。

一次是那拉皇后在出巡途中，鬧出剪髮事件。這個事件在前文已有所提及。乾隆三十年正月，是乾隆帝第四次南巡。這次，乾隆帝陪同皇太后，同時有皇后烏喇那拉氏等陪同。一路上玩得很開心，二月初十，還為皇后那拉氏過了生日，賞賜了大量珍玩，其樂融融。

可是到閏二月十八日，在杭州時出事了。到西湖「蕉石鳴琴」這個地方，早膳乾隆還賞賜皇后食品，到晚膳時卻不見皇后的身影。原來，那拉皇后被提前送回去了。

除了勸阻皇帝尋歡一說，另一種說法是，在早膳之後，乾隆帝和他的母后一起召開了家庭會議，在會議上，太后提議「晉封令妃為皇貴妃」。皇后聽到後先是驚訝，接著極力反對。可是反對無效。怎麼辦？皇后採取了極端的辦法——剪髮。她剪掉了耳邊的一綹頭髮。

這可犯了大忌。

滿洲有個舊俗，只有丈夫和老人去世，女子才剪髮，這等於在詛咒乾隆母子。所以，乾隆帝大怒，立即命人護送皇后回去。此次出巡，那拉皇后雖然回到了紫禁城，但從此被打入冷宮，第二年七月死於冷宮。但令妃升為皇貴妃之後，一直未晉升皇后。

一次是誠嬪落水淹死。乾隆四十九年，乾隆帝第六次南巡。這次南巡乾隆帝感到有些失落，因為他的母后已經去世了，再也不能和他一起暢遊江南。加上乾隆帝年事已高，已經七十四歲了。人逢七十古來稀，乾隆帝感慨萬千，決定此次南巡是最後一次，所以多少有些感傷。

但讓他萬萬沒有想到的是，在杭州回鑾的路上居然又出事了。三月十五日夜裡，他正在龍舟中休息，突然傳來消息：「不好了，誠嬪落水了。」乾隆帝趕忙命人搶救，花了許多工夫終於打撈上來，可是人已經死了。乾隆帝非常悲痛，心想真是怕什麼來什麼。原來，誠嬪趁著夜色走出船艙，來到甲板上欣賞江南夜景，一不小心失足落水。

▲富察氏孝賢純皇后——身體欠佳，切忌旅行，旅途奔波會要命。

5 元首如何使用生活設施，看出國家前途

慈禧被稱為「老佛爺」。這個晚清大獨裁者，雖為女兒身，卻喜歡別人叫她「爺」，這才能彰顯權力。慈禧像帝王一樣，該享受的都要享受，該炫耀的也一定要做。令人意想不到的是，慈禧雖然保守、反對變法，卻很享受西方的現代玩意。

眾人伺候著吞雲吐霧，消磨孤寂

康熙帝早就說過，吸菸有害健康。為了禁止宮裡吸菸，他曾藉故懲處身邊的大臣。最嚴厲的懲罰莫過於因為吸菸，引起膳房失火的師傅二格，康熙帝一怒之下，用鐵條刺穿二格的鼻子，使他再也不敢違反制度吸菸。此後，宮裡面曾一度禁菸，誰也不敢再吸菸。

皇帝有很多正事、大事要做，不太會有單獨一個人的時候；后妃就不一樣了，她們非常寂寞。皇帝在世時，雖然有三宮六院，但他不一定會來后妃的寢宮，她們經常獨守空房，寂寞難耐；皇帝去世了，就變成寡婦，身邊永遠不再有男人，徹底與世隔絕。守寡的

妃嬪們在孤單寂寞的每一天，都做些什麼事？下棋、聽太監說書、盪秋千等都有，有時也會去圓明園看煙火。但是，那畢竟只是短暫的時光，很快就過去了。她們害怕再次回到孤寂的宮殿，於是找找看有什麼事能夠排解寂寞。她們就這樣愛上了吸菸，吞雲吐霧之間，消遣大好時光。

慈禧飯後有吸菸的習慣。我想，她雖然不像一般的寡婦那麼寂寞，但也和皇帝不一樣。皇帝有后妃陪伴，可以聊聊天；慈禧沒有，慈禧不能像皇帝那樣找幾個男人解悶，頂多有太監李蓮英陪著說說話。所以，聽政之餘，慈禧是非常寂寞的，她會在寂寞時吞雲吐霧，享受其中的快樂。

慈禧吸水菸，不吸旱菸。清宮裡忌諱水、菸二字，因與「水淹」諧音，所以儲秀宮稱水菸為青條。此菸為南方專門進貢，也叫潮菸。

有四個宮女伺候慈禧吸菸。為什麼需要四個宮女？因為需要準備兩袋菸，每袋菸需要兩個宮女，一個人專門抱著水菸袋；一個人趨向前，小心翼翼去打火鐮（打火的器具）點燃紙眉子（點火用的捻子），再點燃菸絲。當然，慈禧平常不會吸兩袋菸。準備兩袋菸是以防萬一。

敬菸前要準備好六樣東西：火石、蒲絨、火鐮、火紙、菸絲和菸袋。宮女在慈禧面前點火敬菸，必須十分小心，萬一火星濺到慈禧臉上，她一發怒，宮女本人連同祖宗三代就會遭受滅頂之災。所以，**別小看侍奉慈禧吸菸，事情雖小，卻關乎宮女們的身家性命**。她們得反覆訓練，不可馬虎。引火用的紙眉子是關鍵，既不能搓緊，那樣容易滅火；也不能搓鬆，那樣火苗容易躥出來，還會冒煙，讓慈禧燙到、嗆到可都是很危險的事。所以，宮女們光用火鐮打火這件事，都要請師傅培訓、反覆練習，直到萬無一失才可以上崗。

水菸所用菸絲細薄面長，約十公分。菸絲有一股清香味，用青綠色紙包裹，為長方形條狀，所以叫青條。水菸袋全為銀製，有兩缸，一為菸缸，一為水囤（盛水器具），長長的菸管彎如鶴腿，叫鶴腿菸袋。慈禧的水菸袋，銀體外飾燒藍釉，再外包錦套，上繡花卉、卍、蝙蝠，菸嘴上掛著用真絲線編的吊飾。這菸袋高四十公分，重六百零八克。

慈禧吸菸時，敬菸宮女必須跪下，用手托起水菸袋，當慈禧輕輕看一眼菸袋，宮女便把菸嘴送到太后嘴巴前方。慈禧根本不用手接，只要一伸嘴便能含入口裡。吸菸時，宮女不能正面對著慈禧，怕呼氣吹著她，但也不能背過臉，必須恭敬的微側臉，輕微呼吸。吸完菸後，宮女不可背過身揚長而去，而是要彎腰低頭，趨腳倒退而出。

解手也要氣派，騎在「官房」上

清代的**紫禁城裡住著數以萬計的人，可是紫禁城內沒有廁所**。宮裡的人解大便時，將便盆裡裝好炭灰使用，完事後用灰蓋好，端出倒掉；解小便時用便盆，之後倒在恭桶（馬桶）裡。

慈禧的便盆稱為「官房」，她一說「傳官房」，就是要解手了。慈禧晚年腸胃不適，每天傳用好幾次官房。

傳官房前，要先備好手紙（上廁所用的紙）。慈禧用手紙是細軟的白綿紙。宮女加工手紙時，先把一大張紙分開裁好，輕輕噴上一點水，再用銅熨斗輕輕熨兩遍。隨後，將熨好的紙裁長條備用。

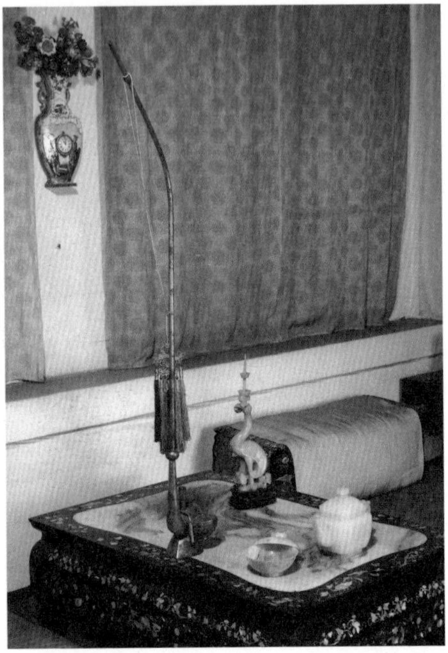
▲ 宮中鶴嘴水菸袋。

慈禧的官房為檀香木製。外緣刻著一隻大壁虎，爪子狠狠的抓著地，構成官房底座的四條腿。壁虎的肚子鼓鼓的，像一個扁平的大葫蘆，正好成為官房的肚子。壁虎尾巴緊緊的捲起來，尾梢折回來，和尾柄相交形成一個「8」字形，巧妙的做成官房的後把。壁虎頭翹起來，向後微仰著，緊貼在官房的肚子上，下頜稍稍凸出，和後邊的尾巴正好是平行的位置，正好可以當作前面的把手。壁虎頭往後轉，兩眼向上注視著騎在背上的人。嘴略微張開，恰好可以銜著手紙，兩隻眼睛鑲有光亮的寶石。官房的口是略長的橢圓形，有蓋，蓋的正中間臥有一條螭虎。

慈禧解手時，騎在大壁虎上面，一手握住壁虎的尾巴，一手拿著手紙逗大壁虎玩。也只有在這個時候，宮女們才覺得獨裁者也有人情味。

慈禧一說傳官房，侍女便忙起來。一個去傳專司太監，這個太監同官房一起隨侍慈禧左右，即使是出巡在外，也是如此。太監**將裏有黃雲龍套的官房頂在頭上**，走到寢宮門口，請跪安，然後把黃包套迅速打開，請出官房，由宮女捧進更衣室。另一名宮女在裡間伺候慈禧寬衣，再將一塊兩尺的正方形油布鋪在地上。宮女在油布上放好官房，慈禧便由宮女攙扶騎上壁虎。

壁虎的肚裡是乾鬆的香木細

▶ 清宮普通的便器，慈禧用的比這個精緻。

◀ 古人的智慧結晶──官房。（圖片來源：維基百科）

屑，便物落下後，立即滾入香木屑裡，所以聞不到臭味。**慈禧解完手，官房由宮女捧出寢宮**。在寢宮外伺候的太監，垂手躬身恭候著，雙手接過官房，**再用黃雲龍套裝好，頭頂而出**。

慈禧在宮裡解手好不氣派，但一九〇〇年，她在逃往西安的途中卻狼狽至極。有一次，她走進一間茅廁，但見空中蒼蠅飛舞，地上惡屎黃湯橫流，沒有下腳之處，只好離開。情急之下，她命隨侍女眷臉朝外圍圍成一個圈，讓她在裡面解手。此時的慈禧真是感慨萬千。

慈禧對官房的感情是最深的，她真的離不開這個貼心的官房。尤其是光緒三十四年十月初十，她七十四歲生日後，由於頻繁接見王公大臣的朝拜祝賀、出席各種慶祝活動，再加上不停的看戲，身體有些吃不消。

本來年齡大了腸胃就很弱，慈禧吃的又都是好東西，雞鴨魚肉什麼都吃，結果肚子開始咕嚕咕嚕叫，每天不停的傳官房。太監剛剛抱走官房，又開始傳，兩個官房都不夠用了。這個情況持續了十幾天，太醫也沒有辦法，他們在脈案（診斷書）上寫得最多的一句話是「**水走大腸，得食則瀉**」，就是吃什麼拉什麼，已經止不住了。一連十二天，到十月二十二日，慈禧的肚子裡什麼也沒有了，還是下旨傳官房。這天，她病逝於儀鸞殿（慈禧在西苑過冬的居所，歷經兩次興建，新儀鸞殿後來改稱懷仁堂）。

看慈禧如何對待司機，便知大清沒救

慈禧出行或消遣行樂，主要乘坐過這些交通工具：轎子、船、火車和汽車。

一、**乘坐轎子**。這是慈禧最常乘坐的交通工具，她穿戴整齊的坐在上面，轎子最前面的是兩個總管太監，東側為李蓮英，西側為另一位太監崔玉貴，後面是慈禧親近的女眷或女官，像是隆裕皇后（孝定景皇后）等，還有侍奉的太監以及宮女，以及多位御前太監，他們拿著慈禧需要的物品，例如官房、各種點心零食、洗漱用具等。

二、**乘坐船**。這是慈禧行樂遊玩的交通工具。慈禧重修頤和園後，昆明湖備有大小龍舟數艘，專供慈禧遊湖消夏。每次乘船至昆明湖，她會先到南湖島上的龍王廟燒香拜佛，以求龍王保佑她水上遊玩平安。若是夜遊昆明湖，則根據季節不同，在湖中放置大量的荷燈，並用荷燈組成各種圖案，頤和園長廊和沿著湖岸的石欄杆上，都要掛上各種花燈。人在湖中巡遊，觀賞園中夜景，長廊似飛龍展姿，湖面像龍宮放彩，確實十分有趣。

另外，慈禧也會扮成普陀山觀世音菩薩遊湖，李蓮英扮韋馱，有時也扮成散財童子，慶親王奕劻的三格格或四格格扮龍女，船穿行於荷花之中，看上去非常逍遙自在。

三、**乘坐火車**。一九〇〇年，**八國聯軍攻進北京**，慈禧帶著光緒帝逃離京師，輾轉來到西安。一九〇一年七月六日宣布，和局已定，諭令內務府大臣掃除宮禁，擇日回鑾，唯當時天氣炎熱，候秋後稍涼啟行。他們選擇由河南、直隸一帶回京。

十月六日一大清早，西安滿城文武官員齊集宮門之外恭送兩宮啟程。一路浩浩蕩蕩，沿途各地方官員恭迎恭送，洛陽地方官員更是大事鋪張，就地搜刮民財，以供迎駕所需，唯恐不周，無不力求奢華。此時，**跟隨的馬車已有三千輛之多，滿載各地進貢的金銀珠寶、綾羅綢緞，以及白銀四百多萬兩**。

一九〇二年一月三日，慈禧一行從正定改搭鐵路花車前往保定，離開保定的時間是一月七日。此日，鐵路局特備火車一列，共二十二節車廂。其中有上等車廂四節，慈禧太后、光緒帝各用一節，車廂均用黃緞鋪飾。所有御用瓷器碗盞，均由時任中國鐵路總公司督辦的盛宣懷呈進，車廂內外布置得極盡奢華。車站兩旁，紮有彩棚三十座。在軍樂聲中，火車駛出保定站。

列車到達北京馬家堡車站時（豐台區，現在的北京火車站，建於一九五九年），隨著進站的汽笛鳴響，車站上列隊整齊的西洋軍樂隊，頓時鼓樂齊鳴，奏起了響徹雲天的《馬賽曲》。這首法國大革命的戰歌，成了北京歡迎慈禧的迎賓曲，朝廷各大官員列隊恭迎。慈禧一行緩緩走下列車後，分乘八抬黃緞轎，進入永定門，結束了長達兩年的流亡生涯。

四、**乘坐賓士轎車**。**戊戌政變後，袁世凱為了討好慈禧太后**，用一萬兩白銀從先進的德國汽車製造公司，**購進一輛第二代賓士牌轎車**，作為慈禧六十大壽的貢禮。

這輛轎車的功能與現代轎車基本上一樣。四個粗輪為橡膠製品，車胎表面有紋路。車上共兩盞燈，均在前方，為銅製，下有導線接通電源。車子座椅柔軟舒適，外罩藍緞布，除了司機外，僅能坐一人。車頂由六根金屬柱撐起，頂棚周圍垂下黃絲帶，是德國公司專門為慈禧設計的，因為黃色為中國皇帝所專用。

獻上這輛車後，袁世凱更加得寵，他平步青雲，進入軍機處（清朝輔佐皇帝處理國家軍機要務的機關），成為清末炙手可熱的權相。

但這輛豪華的賓士轎車，**慈禧只坐過一次，而且還鬧得很不愉快，因為幫她開車的師傅是坐著開**

▲ 慈禧太后的賓士車。

車的。慈禧一看——和我一樣平起平坐，很不高興，便大發雷霆。但是，當她命令師傅跪著開車時，又差一點釀成大禍。慈禧大罵道：「什麼破玩意！」所以，慈禧僅僅坐過一次這輛車。後來，她有幾次想坐，一想到之前的不愉快，心裡便想：「我怎麼就駕馭不了它？這是什麼破玩意？」這輛珍貴的賓士轎車沒能給慈禧帶來快樂，最終荒廢在頤和園。

慈禧照相晚了中國半世紀——唉！

照相的技術是在晚清時傳入中國。當時，北京城內的私營照相業興起，到照相館拍一張照片，已成為當時北京市民的時尚。但在紫禁城內，直到光緒二十九年（一九〇〇年），**六十九歲的慈禧太后才開始拍攝自己的照片，距離照相傳入中國已經五十年**。

實際上，慈禧太后對照相是抱著嘗試的心態。由於光緒二十六年，八國聯軍將她趕出京師，她對洋人是既害怕又憎惡。所以，她這是為了表現她接受洋務的態度。慈禧不喜歡照相，還有一個心理障礙，那就是珍妃。

珍妃非常喜歡照相，她很時髦，拿個相機，不是幫光緒帝照，就是幫太監、宮女照，照來照去很熱鬧，慈禧非常反感。於是，在光緒二十年十月二十八日，她狠狠的教訓了珍妃，其中的理由就有照相這一條，說她擾亂宮廷。基於這兩點，慈禧對照相還是很謹慎。

可是，當慈禧看到一張張栩栩如生的照片時，立刻被吸引住了。於是，她命人找來多名攝影師為自己照相。照相時，慈禧會擺出各種姿勢，資料中留下了大量的照片。

幫慈禧照相的有兩個人：任慶泰和（裕）勳齡。任慶泰，字覲風，遼寧法庫縣人。清末，他在北京前門外大柵欄（北京的商業街）開設豐泰照相館。當時，慶親王奕劻（音同「框」）常去豐泰照相，並把自己的照片帶入宮中，慈禧看到後十分讚賞。於是，善於巴結的奕劻將任慶泰帶進宮中為慈禧照相。**任慶泰抓住慈禧的喜好，所照的每張照片均博得慈禧歡心，任慶泰因此被賜予四品頂戴**。

勳齡則出生於封建官僚家庭，父親裕庚是三品大員，母親和兩個妹妹常去宮裡陪伴慈禧。儘管如此，二十幾歲的勳齡對幫慈禧照相這件事，仍感到緊張。一是自己視力不好，平時總戴眼鏡，但覲見慈禧時，規定要拿下眼鏡，他擔心自己看不清楚會失儀招禍；二是對自己的照相術沒有十足的把握，尤其是幫挑剔的慈禧照相，弄不好會被殺頭。不過，慈禧對侍候她的人其實非常寬容。現存的慈禧生活照，幾乎都是勳齡的作品。

有一天，勳齡照完相，正在暗房裡做事，慈禧心血來潮，傳旨要去暗房看看底片。勳齡捧個盤子，匆匆趕去。由於未戴眼鏡，在攀登丹墀上的石階時差點摔倒。慈禧笑了，命兩個太監扶他上來，並恩准他以後覲見可以戴眼鏡。還有就是照相時，依照規定勳齡必須下跪操作，可是，由於種種不便，操作十分彆腳，於是，**慈禧特准其站立照相**。

慈禧的照片大致可以分為五類：

一是標準特寫的照片，都是在頤和園樂壽堂前搭的席棚中照的，中設御座，搭配布景屏風及豪華陳設，照片中的太后或坐或站，而服裝、頭飾各不相同：有擺出各種姿勢的，也有對鏡插花的。

二是裝扮成普陀山觀世音菩薩後拍的照片，這是慈禧為了神化自己而特別設計的，只見她特自信的端坐在那裡，一身佛裝，李蓮英打扮成韋陀模樣，慶親王四格格則裝扮成龍女模樣。

三是慈禧與后妃、格格、女官及外國公使夫人等人的合影，照片生活氣息相對的濃。

四是在頤和園仁壽殿前的坐帝王專屬的車照片，慈禧盛氣凌人端坐在平底船上，悠閒的在水上避暑。

五是端坐在寶座上的照片，慈禧穿著華麗的服飾，自信的目視前方，充分顯示出雄霸天下的氣勢。

從上述照片中，我們可以看到慈禧豪華的穿戴及傲岸的神態，專制四十七年的赫赫權勢暴露無遺。這些照片，為我們認識慈禧、研究慈禧，提供了豐富而生動的素材。

▲ 慈禧太后像，當時她至少 70 歲了。

第4章

江山多嬌，人人競折腰。我寫歷史，你們等著瞧

1 第一家庭的八卦，哪些是史實

看《甄嬛傳》，大家印象最深的就是宮鬥。宮鬥反映出來的內幕、細節讓人眼花撩亂，而且非常新奇。所以，一些媒體會反覆追問我「巫術是真的嗎？」、「什麼是『一丈紅』？」、「麝香真的能讓人避孕嗎？」等問題。其實，大家所問，都是發生在深宮之中的尷尬事，也只有在深宮裡，才會有這種離奇怪異的事件。我依據史料，破解發生在甄嬛身邊的那些事件。

後宮可以輕易用麝香害人？

一提到麝香，大家馬上想到電視劇《甄嬛傳》。因為在《甄嬛傳》中不時出現麝香這種東西。看起來，麝香是一種非常神祕的藥物。

什麼是麝香？麝香，又叫遺香、臍香、心結香、當門子等，是雄麝的肚臍和生殖器之間腺囊的分泌物，乾燥後呈顆粒狀或塊狀，有特殊的香氣、味苦，可以製成香料，也可以入藥。

麝香的藥理作用大概有兩種：一為開竅醒腦，可預防和治療中寒、中暑、中風、中溼等病；二為舒筋活絡、接骨鎮痛的功效。這種名貴的藥材，在清宮中大量使用，太醫院御醫配製的方劑如蘇合香丸、御制平安丹、十香返魂丹等，都含有麝香的成分。

麝香還有兩個副作用，一個是催情。因為麝香的氣味奇香，能夠使人迷離。歷史上有很多這樣的例子，例如，北魏孝文帝和女子馮妙蓮使用麝香的故事。

馮妙蓮為了誘惑孝文帝，把麝香製成小顆粒，藏入肚臍之中。皇帝看不到，卻因為麝香的奇香而鍾情馮妙蓮。馮妙蓮利用麝香的這個作用，達成勾引皇帝的目的。

▲ 麝香有兩個副作用，一是催情，二是墮胎。

另一個是墮胎。因為麝香有開竅的功用，有極強的通閉作用，所以明朝後宮之中，便有心狠手辣的女人用麝香害人。例如，明朝第八位皇帝朱見深，也就是憲宗，與一個比他大十八歲的奶媽萬氏產生了異樣的感情。萬氏為了控制憲宗，便想生個憲宗的兒子，可事與願違，她始終未能如願，但別的女人紛紛為憲宗懷孕。萬氏惱羞成怒，於是開始用麝香害人。

但這種能使人墮胎的麝香，在清代宮廷中，不會像電視劇那般，如此輕易被後宮的小主們取得，並製成各種藥劑致后妃墮胎；也不會被皇帝和后妃們用來催情，成為互相勾引的春藥。麝香有更多的正面用途，並被宮廷大量使用，如玉池散、祛風潤面散（祛，音同「屈」。治療面肌痙攣）、沉香散（降氣止嘔，溫腎納氣）等。

不僅如此，清朝宮廷對**藥品的管理極為嚴格**，誰想用藥，都要經過嚴格的手續。例如，雍正帝對太醫院的藥劑管理就非常用心，在雍正七年，他曾下過十分嚴厲的諭旨：「爾等嚴諭御藥房首領知悉：藥物關係重大，嗣後凡與妃、嬪等送藥，銀瓶上必須牌子標記。至所用湯頭，亦須開清，交與本宮首領太監，即將名字記明，庶不至於舛錯。」

拿藥時，首先用的是防毒的銀瓶，還要在瓶子上記名字，再經過首領太監把關，更要有兩名以上的御醫、總管太監、御前太監、宮女等多人見證；同時，要備兩份藥劑，一旦出事便於驗證。雍正帝做事仔細，他深知宮廷險惡，他怕出問題，所以特別作此規定，可謂防患於未然。

因此，後宮女主不可能隨意使用麝香害人，她拿不出來，因為管理非常嚴格。《甄嬛傳》中，麝香幾乎無處不在，好多女人身受其害，這是作者為了劇情而編造的故事。

清朝後宮施「巫術」詛咒是真是假？

巫術，也叫「厭勝之術」，是古代用法術詛咒或祈禱，以達到制伏厭惡的人、物或魔怪的目的。這種巫術，在宮廷中曾被使用。

歷史上就有這樣的例子，例如，唐高宗時期，王皇后因武曌（武則天）之女暴卒一事被高宗怪罪，後因證據不足作罷。但王皇后緊張不安，於是與蕭淑妃串謀道士，施厭勝之術想置武曌（音同「照」）於死地。事後被唐高宗得知大怒，並打入冷宮。後來，唐高宗又頒下詔書，將王皇后和蕭淑妃廢為庶人，並加以囚禁，她們的父母、兄弟等也被削爵免官，流放嶺南。大家一定覺得很奇怪，不就是巫術嗎？唐高宗需要動這麼大的怒氣嗎？要知道，在那個時代，人們相信巫術的力量真能害死人。

電視劇《甄嬛傳》中，也有巫術出現。由於華妃作惡多端，結怨多人，很自然成為眾矢之的，有人甚至用宮中最惡毒的巫術詛咒她。如在第二十一集中，妃子安陵容用身上扎滿銀針的小人詛咒華妃。

我們可以看出，**凡是使用巫術的人都是弱勢群體，這是一種精神勝利法**。而那些得勢的強者，從來不用這種自欺欺人的做法。

在清宮的資料中，也看到了兩次使用巫術的事件：

▲ 胤禔，被囚禁 26 年。

第一次是褚英使用巫術。褚英是努爾哈赤的長子，他勇敢作戰、戰功卓著，努爾哈赤封他為廣略貝勒，並授權褚英處理部分軍政事務，這年他才二十九歲。褚英也因此遭到「四大貝勒」代善、阿敏、莽古爾泰、皇太極，以及「開國五大臣」額亦都、費英東、何和禮、安費揚古和扈爾漢的嫉妒。

這些人不斷向努爾哈赤進讒言，最終使褚英遭到努爾哈赤的懲治。於是褚英在努爾哈赤帶領眾皇子、大臣出征之際，對天焚表詛咒出征的父汗、四兄弟、五大臣，說：「吾兵出征，願其敗於烏拉，戰敗之時，吾不許父汗及諸弟入城。」褚英也真是太糊塗了，竟然詛咒自己的父親，犯下這麼大的罪。這件事被揭發出來，褚英因而被圈禁高牆之中。兩年後，努爾哈赤將其賜死。

第二次是胤禔用巫術鎮魘胤礽（當時的太子）。胤禔是康熙帝長子，他與一個會巫術的蒙古喇嘛巴漢格隆有來往。由於他覬覦皇位，便千方百計整治皇太子。他想了個辦法，利用喇嘛以巫術鎮魘皇太子，就是喇嘛念咒語詛咒，致使皇太子神志迷離，犯下各種錯誤。當然，我們今天從科學角度分析，不會這麼簡單，一定另有隱情。這件事被康熙帝的皇三子胤祉揭發，康熙帝極為氣憤，宣示胤禔為「亂臣賊子」。下令奪郡王爵，嚴加看守，幽禁在府第高牆內。**胤禔被囚禁長達二十六個春秋**，直至雍正十二年十一月初一死去，終年六十三歲。

這是我們研究清宮史過程中，僅見的兩次巫術事件。在雍正朝，尚未發現宮中巫術事件。而《甄嬛傳》中記述雍正帝的後宮，有人用巫術詛咒華妃，實際上是不符合史實的虛構故事。

清後宮濫用杖刑有三次紀錄

大家覺得《甄嬛傳》中，華妃對夏冬青所用的「一丈紅」很新奇，那什麼叫「一丈紅」？其實，就是一種殘酷的刑具，是一種十分嚴厲的刑罰。但清代的後宮裡，等級高的妃子，真的可以對等級低的妃子用刑嗎？

先說什麼是廷杖？廷杖，是在朝廷上行杖打人，是對朝中官吏實行的一種懲罰，最早始於東漢明帝。《後漢書》記載：「明帝時，政事嚴峻，故卿皆鞭杖。」廷杖一般是用栗木製成，將擊人的一端削成槌狀，且包有鐵皮，鐵皮上還有倒鉤，一棒擊下去，行刑人再順勢一扯，尖利的倒鉤就會把受刑人身上連皮帶肉撕下一大塊來。這是早期的廷杖，到清朝時，已經沒有這麼恐怖的工具了。

明代最常使用廷杖，它成為一種制度。這始於明太祖朱元璋，他曾打死開國元勳朱亮祖。到明世宗嘉靖年間，嘉靖皇帝為了追封自己的生父興獻王為皇帝，竟然不惜與群臣反目。自己的父親本是一個王爺，嘉靖皇帝非要追尊為皇帝，大臣們能答應嗎？於是，朝臣兩百餘人跪在左順門（清改名協和門，位於紫禁城外朝中路）前力爭，激怒了嘉靖皇帝，**一百餘人遭到杖打，當場廷杖而死者就達到十六人**，左順門外血流成河。這個事件歷史上稱為「大禮議（儀）之爭」。

在清朝的後宮中，那些主子們真的會使用這種殘酷的「一丈紅」，來懲罰犯錯之人嗎？我查閱了大量史料，絕少看到廷杖的刑罰，最明顯的只有三次紀錄：

最有名的是**珍妃被「褫衣廷杖」**（胡思敬《國聞備乘》裡面有記錄）。光緒二十年十月二十八日，珍妃恃寵而驕，賣官鬻爵，證據確鑿。例如，魯伯陽以四萬兩白銀買到上海道，河南巡撫裕長向珍妃行賄等——這些非法收入，珍妃都一一記錄。她留下了罪證，結果帳本被慈禧搜出。更重要的不是這些，是光緒帝過於寵愛珍妃，導致慈禧的姪女、身為皇后的隆裕不滿。

於是，隆裕跑到姑姑慈禧那裡告狀。慈禧惱羞成怒，決定重重懲罰這個不聽話的珍妃。慈禧對珍妃褫衣廷杖，意思為脫去衣服直接暴打肉體。可憐的珍妃，一個弱女子被打得皮開肉綻、奄奄一息。太醫把脈時，幾乎沒了呼吸，可見下手狠毒。除此之外，慈禧又下了一道嚴厲的諭旨，將珍妃降為貴人。

其次是乾隆帝的惇妃打死宮女。惇妃脾氣暴躁，乾隆四十三年，不知什麼原因，惇妃杖打身邊的宮女，竟打死了這個宮女。這件事被報給乾隆帝，乾隆帝非常生氣，他馬上下指示，說即使是我，對犯錯誤的小太監也不敢把他打死：「不過予以薄懲，杖責二十，至多不過四十。」何況是對待那些宮女？乾隆帝為此重懲了惇妃，先是降為惇嬪，接著罰款，要惇妃負責死者的喪葬費和家屬的生活費，並對她身邊的太監、宮女進行嚴懲。

乾隆帝這麼處理還算是客氣的了，主要有兩個原因：一是惇妃年輕，比乾隆帝小三十六歲，乾隆帝比較喜歡這個妃子；另一個最主要的原因，是惇妃生了乾隆帝最小的女兒十公主，她是乾隆帝的掌上明珠，乾隆帝曾對她說過：「如果妳是男孩的話，我會把皇位傳給妳。」可見，乾隆帝對惇妃是法外開恩的。但即便如此，也還是給予懲處，足見清朝皇帝對后妃濫用廷杖之刑是多麼厭惡。

第三次是咸豐年間，咸豐帝的玫貴人非常放肆的使用了廷杖，凌虐一名宮女。這件事被報到咸豐帝那裡，他非常氣憤，叫來玫貴人訓斥道：「當年乾隆爺在世時，他的惇妃即便非常得寵，生育了優秀的十公主，還因為打死宮女而遭到重處，何況是妳？」咸豐帝下令，將**玫貴人降為玫常在，再降為宮女子**（宮女和宮女子不同，宮女只能做工，宮女子是皇帝妻子的最低階）。到這時她才懊悔不已，當初怎麼那麼衝動？

清朝後宮使用廷杖的紀錄，大致就這麼三次。其他的像廷杖太監、不法大臣等，也可能會有，但對於華妃這樣的主位，對同是雍正帝嬪御的夏冬青施以「一丈紅」，是絕對不可能的；另外，華妃也不敢如此大膽。

我們考證，**華妃的原型就是雍正帝的年貴妃，她確實是年羹堯的妹妹**。但這個女人的真

▲ 珍妃和珍妃井。她遭受廷杖，六年後八國聯軍時，慈禧命人將她丟入井中摔死。

實面目與華妃恰恰相反，她有兩個明顯的性格特徵：一是身體羸弱，就是一個宮廷版的林黛玉；二是謹小慎微，娘家的來信她都不敢拆開看，而是先交給雍正帝看過後，自己才敢看。所以，**年貴妃是雍正帝最愛的女人，他們生育了四個子女**。

甄嬛和果郡王之間的「紅杏出牆」

清代后妃會紅杏出牆嗎？有人敢睡皇帝的老婆嗎？給高高在上的皇帝戴綠帽子，那得有多大的膽子？尤其是雍正帝的老婆，有誰敢打她們的主意？

我們看《甄嬛傳》感觸最深的就是，甄嬛和風流英俊的果郡王之間的戀情。兩個人一見鍾情，他們跌宕起伏的故事、感人肺腑的愛情，構成了《甄嬛傳》的主旋律，吸引人們爭相觀看。大家都在問，這是真的嗎？

我查閱了雍正帝的後宮資料，在已知的雍正帝的二十三位后妃中，沒有一位叫「甄嬛」，也沒有一位曾發生過紅杏出牆的事件，小說戲劇中的甄嬛，依劇情還原，原型人物是鈕祜祿氏。和清朝其他皇帝的後宮相比，雍正帝的後宮非常平靜。

那麼，清代後宮裡，就真的沒有紅杏出牆事件了嗎？我整理了清代後宮的資料，還真的發現有兩個皇帝的後宮，發生過紅杏出牆事件。

一是努爾哈赤的後宮。天命五年三月，努爾哈赤的小福晉代音察，祕密向努爾哈赤舉報大妃阿巴亥。接到代音察的舉報，努爾哈赤的汗毛都豎起來了，簡直不敢相信，他寧願希望代音察撒謊，也不願相信這些。驚訝、氣憤、羞辱，這些他從來沒有經歷過的感受，一起湧上心頭。代音察究竟在舉報信中說了什麼？

這件事就是大妃勾引大貝勒代善。代善，生於明萬曆十一年（一五八三年）七月初三，為努爾哈赤的次子，是努爾哈赤第一位大福晉佟佳氏所生，也是清代一位傑出的政治家和軍事家，對清朝的建立做出了重大貢獻。天命元年，努爾哈赤封四大貝勒，代善與堂弟阿敏、五弟莽古爾泰、八弟皇太極為和碩貝勒。由於代善在四人中年齡最大，被稱為「大貝勒」。代善戰勇敢、又有機謀，很得努爾哈赤的賞識，因而得到重用：「太祖嘉代善勇敢克敵，賜號古英巴圖魯。」儘管如此，作為母親輩分的大妃，不應該也不敢勾引兒子輩分的大貝勒才對。但是，大妃做了。代音察舉報：「大福晉曾兩次備飯，送與大貝勒，大貝勒受而食之。」但光憑這點，很難判定阿巴亥與大貝勒代善有染。

代音察更拿出撒手鐧，即舉報兩人曾在深夜幽會：「大福晉一日二、三次遣人至大貝勒家，如此往來，諒有同謀。大福晉自身，深夜出院，亦已二三次矣。」這難道是真的嗎？努爾哈赤不敢相信，於是派出心腹四大臣達爾漢蝦、額爾德尼、雅遜、蒙阿圖祕密調查，結果全部屬實。這簡直是晴天霹靂。但最終努爾哈赤沒有殺她，宣判結果是休離：「吾不與彼共處，將彼休離。」然而，努爾哈赤出於種種考慮，不久就召回阿巴亥，繼續主持後宮事務。阿巴亥後來被迫隨努爾哈赤殉葬，她的兒子就是多爾袞。努爾哈赤死後，

第4章：江山多嬌，人人競折腰。我寫歷史，你們等著瞧

皇太極如何繼位，史家未有一致說法，比較可能的方式是幾位貝勒選出實力最強者。

另一個是皇太極的後宮。當然，皇太極在世時沒有人敢紅杏出牆，是在他去世後，他的永福宮莊妃傳出了「太后下嫁」的醜聞。

這件事的發生事出有因。莊妃年僅六歲的兒子福臨繼承帝位，由大權在握的皇叔多爾袞輔政。但多爾袞卻想廢掉福臨，自立為帝。於是，種種不利於順治帝的事情接踵而至。例如，強迫順治帝叫他「皇父攝政王」，上朝不給皇帝下跪，派人監視皇帝行蹤、威脅皇帝安全等，小皇帝危如累卵。

怎麼辦？機靈的莊妃抓住多爾袞好色的弱點，極盡所能的與之周旋，甚至不惜犧牲自身的清白，以保住兒子來之不易的皇位。張煌言的《建夷宮詞》中有這兩句話：「**春官昨進新儀注，大禮恭逢太后婚**。」繪聲繪色的講述，孝莊太后下嫁小叔子多爾袞的故事。

多爾袞主政時清兵入關，此後身體欠佳，在打獵時墜馬亡。

至於甄嬛和果郡王之間，根本沒有發生紅杏出牆的可能性。原因是：

第一，年齡不符。甄嬛生於康熙三十年，果郡王生於康熙三十六年，比甄嬛小六歲。他不會看上比自己大那麼多歲的老女人。

第二，事件不對。果郡王胤禮是康熙帝第十七子，由於他沒有參與皇儲之爭，雍正帝即位後，雖大肆打擊異己，但胤禮沒有受到影響，得以善終。雍正六年，被晉封為果郡

王，直到乾隆三年才去世，終年四十一歲。果郡王一共有兩位妻子，生有一對兒女，但很遺憾都夭折了。

第三，根本不可能見面約會。例如《甄嬛傳》中，兩個人在乾清宮家宴中見面，這怎麼可能？過春節，皇家要舉辦乾清宮家宴，那是皇帝和后妃們在一起聚餐，不會邀請王爺，更不會讓后妃和王爺們共餐。

所以甄嬛和果郡王相愛，並生育了兩個孩子，這都是作者虛構的故事情節。

▲ 多爾袞的媽媽讓努爾哈赤很頭大，他則讓順治的媽媽很頭大。

2 改變大清帝國歷史的……天花

天花奪命？這在現代社會根本不可能發生。就好比二十世紀中葉以前，肺結核是不治之症一樣，今天得了肺病根本不必害怕，抗生素就可以治癒了。清代時得天花是要命的，清朝的帝王、后妃們畏之如虎。大量史料證實，清代皇家不知有多少寶貴的生命死在天花上，天花真是太可怕了。

在清代，天花最可怕。那時，人們一旦染上天花病毒，就面臨著死亡的威脅。據相關資料統計，清代感染天花病毒的人，有五〇％至六〇％會死亡，也就是一半以上的人過不去這道鬼門關。所以，人們「談天花色變」，非常害怕。按照資料記載，清朝有兩個皇帝最怕天花：一個是皇太極，另一個是順治帝。

我先談皇太極懼怕天花。皇太極成年即位，小時候沒有出過天花，因而是「生身」，出過天花的人是「熟身」。所以皇太極即位後，最怕感染天花病毒，千方百計避痘。他都採取什麼辦法？

躲避、躲避，再躲避

每當天花流行，皇太極就很緊張，趕緊找僻靜處避痘。一般來說，他會遠離人群，先是在深宮中避痘，但深宮中也不安全，因為找皇帝的人很多，避不開。於是，他到寺廟裡去，那個地方清淨。最終，他選擇了瀋陽市一座叫「長寧寺」的廟宇，幾乎沒有人知道他在那。有的時候，皇太極也會出去打獵，到深山密林躲避。

皇太極也會隔離出痘人，尤其是對出天花的家屬，更是加退避三舍。例如，大哥代善的第五子巴喇瑪出天花病逝，按理皇太極應該慰問。可是他害怕，怎麼辦？不慰問說不過去。於是，皇太極決定在城外十里處所，與代善簡單會面，展現一下自己的誠意。

皇太極曾下令，一定要清查出天花的人，凡是**正在出天花的人，都弄到百里之外避痘**。這不過分嗎？一般來說，出天花的老百姓沒有醫療條件，再被弄出去那麼遠，沒人照顧，必死無疑。後來，病人家屬不滿意，就改為六十里，還不滿意，又改為四十里，最後改為二十里。更可笑的是，有很多誤診的人也被隔離出去，例如，那些感冒發燒、風疹疥瘡的，因症狀與天花相似，也被隔離了。

可見，皇太極被天花嚇壞了。不過，避痘效果不錯，他一輩子生身，沒有出過天花。可是，他的兒子順治帝就沒那麼幸運了。順治帝受父皇的影響，一輩子躲避天花病毒的侵襲。他處處模仿父皇的做法，躲避、躲避，再躲避。有時順治帝的做法還超過父親。

一、**不理朝政**。順治帝每遇天花流行，就會躲起來，乾脆不見人。他會去南苑（歷代皇帝遊獵的圍場）避痘，那裡清靜沒人。他把一切政務交給王公大臣，交給各個部門，自己則一概不管。有時候，他也會學皇太極出去打獵避痘。有一年冬季，北方流行天花，順治帝便匆忙出京，跑到幾百里外的遵化山區去避痘。大家想，大冬天的天寒地凍，他跑到荒無人煙的地方去躲避瘟疫，心裡的恐慌可想而知。

二、**可笑的「三毋」**。真是怕什麼來什麼，順治帝最怕天花，天花偏偏找上他。順治十七年八月十九日，愛妃董鄂妃病逝之後，他的身體極為虛弱，結果順治十八年正月，他不幸感染了天花病毒。順治帝害怕極了，他匆忙向全國下達了一個十分可笑的聖旨，那就是「三毋」：毋炒豆、毋點燈、毋潑水。他也真是可笑至極，老百姓可以不炒豆子，但能做到不點燈、不潑水嗎？

順治帝染上天花後，很快發病，正月初七，順治帝遂致彌留，一病歸天，結束了他二十四歲的寶貴生命。

痛失即位機遇

清宮中，天花不僅奪去了很多人的生命，還奪走各種機會。我們看看是哪些人、被奪走了什麼機會。

一、**喪失了即位的機會**。清朝有兩位這樣的皇子，因為天花而喪失即位的機會。有一位是順治帝第四子榮親王，他的生母是順治帝最寵愛的董鄂妃，所以他得到特殊的待遇。

這個孩子生於順治十四年十月初七，董鄂妃剛入宮一年。順治帝欣喜若狂，宣布了三件事：一是排行老大，稱為「第一子」，其實是排行老四；二是大赦天下，這可從來沒有發生過，只是生育了一個皇子就大赦天下；三是立為皇嗣，剛生下來的皇子就立為太子。可惜，這個孩子很倒楣，第二年正月二十日就因為出天花而殤逝，僅僅活了一百天。可怕的天花，不僅奪去榮親王的性命，也使他失去即位的大好機會。

▲ 順治帝半身像。

另一位是乾隆帝第七子永琮，這個孩子的生母是孝賢純皇后富察氏。孝賢純皇后的第一個兒子永璉，在乾隆元年被冊立為皇太子，祕密詔書被放在「正大光明」匾後面的鐍匣中，可惜這個孩子九歲就殤逝了，讓孝賢純皇后非常傷心。到乾隆十一年四月，皇后又生一個皇子永琮。乾隆帝再次祕密立為儲君，可惜，到第二年的大年三十，永琮出天花病逝了，此後孝賢純皇后鬱鬱寡歡，到第二年三月十一日也一病歸天。

二、**喪失了親政的機會**。這個人就是同治皇帝，他六歲即位，兩宮皇太后慈安和慈禧垂簾聽政。他的生母慈禧太后對權力有強大的慾望，一直不肯放手，一再推遲同治帝大婚婚期，直到同治十一年才為他舉辦大婚典禮，那時他已經十七歲了，至少推遲了三年的時間。而且，大婚後並沒有讓他親政，到同治十二年正月二十六日，慈禧才放權給他。可是僅僅過去一年，到同治十三年十一月初十，由於同治皇帝出天花，慈禧和慈安再次垂簾聽政，一個月後，同治帝病逝，他好不容易得到的權力被天花（慈禧說是天花）無情奪去。這正好給貪權的慈禧一個機會，管理大清朝的權力再次落入慈禧手中。

三、**喪失了皇子的美好前景**。清宮中的皇子存活率極低，大部分嬰幼年

▲ 多鐸像。

就夭折了。例如，順治帝的八個皇子中有四位幼年夭折，有專家考證，大部分死於天花，喪失寶貴的生命和大好前程。不僅如此，那些成年的皇子們對天花也同樣沒有免疫力。

例如，多爾袞的同母弟弟豫親王多鐸，一生馳騁疆場，健壯無比，可是，順治六年三月十八日，北方天花流行，已經三十六歲的多鐸未能逃過此劫，不幸感染天花病毒，病情凶猛，很快就病逝了。多鐸的命運如此，難怪順治元年，多爾袞令政敵肅親王豪格率軍入關，出發前，豪格害怕的對人說：「我還沒有出痘，這次出征，恐怕是凶多吉少。」可見，天花給這些皇子們留下陰影，揮之不去。

帶給孝莊的後遺症

順治十四年，是孝莊太后一生中最傷心的一年。因為，這一年的十一月她面臨著一場生與死的考驗，她不幸染上了可怕的天花。天花病毒在冬季和春季最流行，在孝莊太后四十五歲時侵染了她的身體。

因為病情重大，這時，她最親近的人都來了：皇帝來了，順治帝雖然最怕天花病毒，但是在以孝治天下的思想下，他一刻都不敢離開。王公大臣來了，不僅愛新覺羅宗室的王公輪番入內，就連兩黃旗大臣鼇拜、遏必隆也是晝夜服侍。這使面臨生命考驗的孝莊略感欣慰。但她在與病魔鬥爭、靜下心來思考時卻倍加傷心，這是為什麼？

因為不喜歡的人總在眼前晃動。這個人會是誰？就是董鄂妃。孝莊最不喜歡她，因為這個女人打亂了自己的全盤計畫，尤其是這個女人生下了順治帝的第四子，順治帝立即宣布大赦天下，並立為皇儲，自己苦心包辦的婚姻化為泡影。可是，身體虛弱的董鄂妃不顧感染天花病毒的危險，晝夜侍奉，自己能說什麼？

然而，喜歡的人就是不來，這時，孝莊最想見的人是她一手冊立的中宮皇后，也就是自己的姪孫女博爾濟吉特氏。之前為了讓她進宮，孝莊絞盡腦汁，還得罪了順治帝。可即使這樣，在這個生離死別的時刻，都不來探視婆婆，這難道不讓孝莊傷心？那麼，皇后為什麼不來侍奉婆婆孝莊？皇后心裡清楚，自己不去探視婆婆除了怕傳染外，還有一個重要原因，當年也就是順治十二年她自己出天花時，婆婆和皇帝都沒來探視，自己一個人很傷心。那時候的皇后年僅十四歲，還是個孩子。

最讓孝莊傷心的，還是順治帝趁這個關鍵時刻，在順治十五年正月悍然廢后。孝莊傷心之餘，決定強力干涉，於是，她拖著病弱之軀，召見順治帝，表明自己的態度，絕對不允許廢掉皇后。最終，順治帝勉強聽從太后的建議，但還是取消皇后的簽字權，中宮皇后名存實亡（前已述及，後來康熙很孝順她）。

患天花後，孝莊留下了後遺症。通常出天花可能會在臉上留下麻子，但孝莊沒有。可是，孝莊痊癒之後得了皮膚病，這是讓她沒有想到的事。皮膚病發作時，瘙癢難耐、寢食不安。所以，她不得不定期前往溫泉療傷，去小湯山溫泉、赤城溫泉、遵化湯泉。尤其是

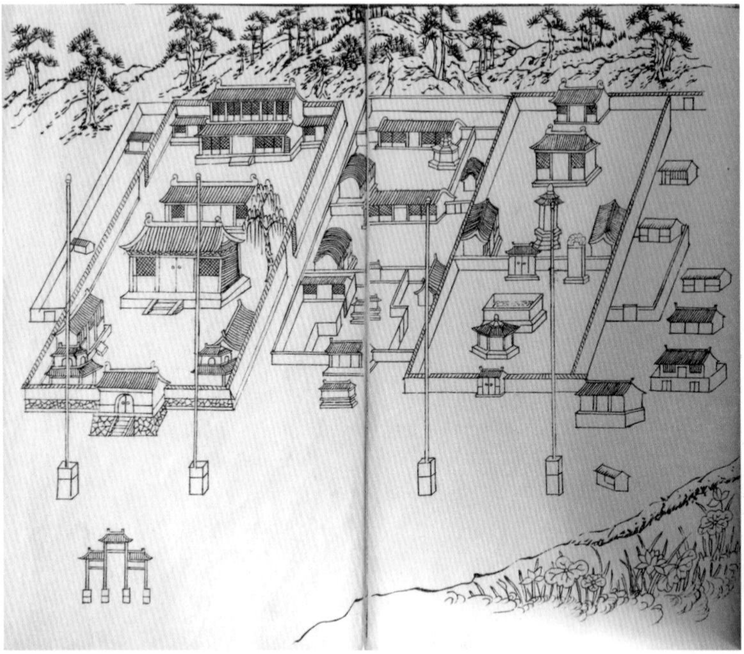

▲ 湯泉圖——孝莊坐湯（在溫泉洗浴）之地。

遵化湯泉，孝莊曾前往三次，分別是康熙十一年、康熙十七年、康熙二十年。僅康熙十一年，孝莊就在遵化湯泉住了七十三天。儘管如此，但病情仍時有反覆，所以，皮膚病也成了她的一塊心病。皮膚病伴隨她三十多年，直到康熙二十六年十二月，她還是由於這個病發作，被奪去了生命。

3 慈禧的後事稱霸歷史。驚呆你

什麼叫「大行」？就是隆重上路。古人去世後，人們認為會有兩條路可走，一是上天堂，進入西方極樂世界，這就是所謂的「大行」；二是下地獄，古人認為，那些惡貫滿盈之人，死後必會遭報應，墜入可怕的地獄，忍受疾苦。那些帝王、后妃們認為他們不會下地獄，一定會上天堂。帝王、后妃生前非常重視身後之事，大行之前會準備好一切，以到另外一個世界繼續享用。

大費周章準備「旗材」

清代皇家的棺材，既沿襲了入關之前原本民族的特徵，又吸收和融入了漢文化，同時，也夾雜了宗教的特色。滿洲人有旗人之稱，所以，他們的棺材又叫「旗材」。這些旗材是我們認識和了解清代宮廷祕史的重要實物，我概括出如下特點和規律：

一、**是濃厚的民族特色**。說它具有民族特色，是與漢材相比較而言的。如明嘉靖皇帝的棺具是頂平、前大後小的形式。而清代皇家棺具則「蓋如屋脊，中間隆起，兩邊傾斜，內部高大。棺頭置一木質葫蘆，掛整貂一具」。這種棺具在滿洲稱為旗材，入關前，遊牧民族的滿洲出於實際的需求，會在棺具末端置一葫蘆，掛一些狩獵品來祭奠先人。入關後，雖然仍在棺具中保留了葫蘆，但已失去了它的實際用意。

二、**複雜而森嚴的等級特徵**。入關後，滿洲貴族很快吸收了漢文化的精華，在棺具的製作過程中，表現出森嚴的等級制度。例如在選材上，分別使用楠木、杉木；在漆飾中，三六九等待遇不同，以及內棺襯布的細微區別等。

選材上的區別。皇帝、皇太后、皇后、皇貴妃、皇太子用金絲楠木；貴妃、妃、嬪、貴人、常在、答應等用杉木。

漆飾上的區別。皇帝、皇太后、皇后漆飾四十九次，皇貴妃金棺漆飾三十五次，貴妃、妃、嬪、貴人、常在、答應及眾皇子、皇子福晉的外棺均漆飾十五次，皇太子與皇貴妃一樣為三十五次。

顏色上的區別。清代皇家棺具最外層漆飾，為代表等級的最終之漆，非常重要。文獻中明確記載了各級棺具的外層漆色：列聖、列后渾（全部）飾以金；皇貴妃髹（塗）以黃，繪金雲龍紋；貴妃髹以金黃，繪金雲龍；妃嬪髹以金黃；貴人、常在、答應皆髹以朱；皇太子髹以黃，繪金雲龍紋；皇子髹以朱，繪金雲龍；福晉髹以金黃。

稱謂上的區別。清代皇家的棺具，不僅外觀有明顯的區別，在稱謂上更是詳細區分。

帝后之棺稱為梓宮，其中包括太后或太皇太后，而皇貴妃、貴妃、妃、嬪的棺具稱金棺，貴人、常在、答應則只可稱為彩棺。

在棺具的規模上，等級越高，棺具越高大；反之，則低下。這是其明顯的外部特徵。

三、**反映出對宗教的重視**。**清代皇家崇信佛教**，已毋庸置疑。從資料中得知，其棺具內的數層棺襯，**均有陀羅尼經**（詳見第二三七頁）；在實物中我們發現，慈禧、乾隆帝、淑嘉皇貴妃內棺表面均雕有番文（少數民族的文字）金剛經咒等。另外如壽安固倫公主（道光朝唯一的嫡女）彩棺內繕寫「西番字樣」，道光帝常嬪內棺繕寫「四天王咒」，康熙帝惇怡皇貴妃寫「喇嘛字」。清末慈禧太后的內棺同樣書「西番四天王咒」。四天王咒的書寫位置，則是根據棺槨入葬地宮後的實際方向而定，棺之南為南方增長天王咒，北為北方多聞天王咒，東為東方持國天王咒，西為西方廣目天王咒。

四、**高超的工藝水準**。毫無疑問，皇家的棺具，尤其是帝后的梓宮，是清王朝喪禮中眾臣拜祭的中心，按照事死如事生的原則，一定是精美製作。由內務府、工部等相關部門選擇高級的材料，再由技藝高超的工匠精工細做而成。所以，這些棺具在一定的程度上，代表了當時最高的工藝水準。就已挖掘的棺具來看，**乾隆帝內棺為凸雕經文，是一件十分精美的工藝作品。慈禧內棺為陰刻，然後填金，無比華麗**。

慈禧壽衣繡十二章紋比照皇帝

清宮的主位們去世後，採取民間習俗，穿戴整齊下葬。清朝後宮的皇帝和后妃，在面對喪葬時，消費的比較理智。相對於明朝，清朝的宮廷喪葬比較簡樸。例如，在燒衣這個問題上，皇太極就明確規定，不許為死人燒掉太多衣物，尤其不准為死人單做新衣服燒掉，一旦被舉報就要懲罰。皇太極認為，固然要重視死人，但還是要以活著的人為主。後來，**清朝宮廷採取了一個變通的辦法——燒紙衣**，上面墜假珍珠。這樣既表達了對逝者的尊敬，又不會浪費財物，兩全其美。

▲ 香妃棺槨。

清宮的壽衣與平時穿用的衣服一樣，由內務府處理，同樣由三處織造局籌辦，即江寧織造、杭州織造、蘇州織造。以下我介紹幾位清宮主位的壽衣。

首先是慈禧的壽衣。慈禧太后**生前有很多華麗的衣服，死後能不能用？那是絕對不會**

用的，是要燒掉的。慈禧專門為自己準備了百年後的衣服，即壽衣。她委託江寧織造和蘇州織造，為自己準備了三件壽衣：兩件是袍子，一套是上下合體之衣。那兩件袍子，其中一件是死後她穿在最外面的。這超越了規制，完全按照皇帝龍袍的做法——她還真的把自己看成一位帝王了——在袍子的各個部位，繡上后妃龍袍不應有的十二章。

關於十二章紋的最早而又全面的記載，是《尚書》。這個十二章只有皇帝的龍袍才有。《清史稿》〈輿服〉記載「列十二章：日、月、星辰、山、龍、華蟲、黼（音同「腐」）、黻（音同「符」）在衣，宗彝（音同「移」）、藻、火、粉米在裳，間以五色雲」，代表只有帝王才具有的一切。十二章圖案是用於讚美帝王聰慧、文治武功等方面具有的非凡能力，每一章紋飾都有取義。

日、月、星代表三光照耀，象徵著帝王皇恩浩蕩，普照四方；山，代表著穩重性格；龍，是一種神獸，變化多端；華蟲象徵皇帝「文采昭著」，有不同尋常的氣質；黼，為斧頭形狀，象徵皇帝做事幹練果敢；黻，為兩個「己」字相靠背的圖案，代表著帝王能明辨是非，有知錯就改的美德。宗彝，是古代祭祀的一種器物，象徵帝王忠、孝的美德；藻，象徵皇帝的品行冰清玉潔；火，象徵帝王處理政務光明磊落；粉米，象徵著皇帝養著人民，重視農桑。

不僅如此，慈禧的這件壽衣還有一個**連帝王都不如的地方，就是上面繡了好多佛字**，就這一點，可以說這件壽衣是天底下獨一無二的。而且，這件壽衣的很多地方還綴上了大珍珠。真是太珍貴、太華麗了。慈禧最裡面的那件壽衣是合身而成的兩件，上衣繡滿福字，下衣則繡滿了壽字，上下正好合為福壽。每個字上面分別綴上一個大珍珠。慈禧在這方面動足了腦筋。

接著看到是乾隆帝的壽衣。嘉慶四年正月初三，乾隆帝去世。這個享盡榮華的太上皇穿戴怎麼樣的壽衣？一、不戴朝冠戴佛冠。檔案記載，乾隆帝頭戴天鵝絨繡「佛」字正珠頂冠。二、身穿棉衣下葬。查閱乾隆帝的資料，發現乾隆帝的壽衣都是棉衣，例如龍袍裡面套著魚白（魚類的精巢）紡絲小棉襖。三、明顯的民族特色。從乾隆帝的壽衣上的飾物來看，具有明顯的滿族特色。例如，隨身配飾大荷包一對、小荷包一對、火鐮一把、小刀一把。

至於乾隆帝的那些華貴的朝服，則放在他的身邊，陪伴著他。還有一點需要注意，由於乾隆帝活了八十九歲，生前衣物太多，需要處理：一部分作為壽衣隨葬梓棺內，一部分作為遺物賞人。除此之外，絕大部分都在名目繁多的祭祀禮中燒掉了。從嘉慶四年正月十一頭次焚化禮開始到一週年禮，**共分十九次，燒掉了成百上千件豪華的衣物**，令人瞠目結舌。

再來是溫僖貴妃的壽衣。溫僖貴妃是康熙帝的嬪御（地位低的嬪妃），她是輔政大臣遏必隆的小女兒，生前地位顯著，姐姐是康熙帝第二位皇后孝昭仁皇后。溫僖貴妃很得寵，曾經一度執掌後宮大權長達五年之久。康熙三十三年，貴妃去世，葬進景陵妃園寢。貴妃的葬衣非常華麗，共發現三件壽衣：最外面是攢金繡八團雲龍紋龍袍，構圖細膩精巧，龍紋栩栩如生；中間是暗雲紋地挖織金壽字緞窄口圓領女衣，整件衣服上面織滿壽字，共三百餘金壽字；最裡面是暗花綾窄口圓領女衣，暗花綾上裝飾著梅花和蘭花等圖案，三件壽衣從裡到外，疊加有序。除此之外，貴妃還有兩件葬衣：一件是內衣，素緞織金錦窄腿兩腰袴，斜襠，平褲口；一件是折枝花暗花緞雲龍紋織金錦寬襴女朝裙，上部為折枝暗花緞，下部為織金五彩雲龍紋錦緞，構圖精細飽滿。貴妃的兩足著朝靴，裡面是纏枝蓮織金女襪，外罩織金朝靴，上面均有雲龍紋裝飾。

四是香妃的壽衣。香妃（不是康熙的香妃）是乾隆帝後宮中唯一的維吾爾族女子（乾隆稱容妃），乾隆五十三年四月十九日，香妃去世，終年五十五歲。香妃去世後，乾隆帝沒有按照伊斯蘭葬禮為她安排後事，而是按照滿洲的習俗，讓她穿戴整齊下葬。檔案記載，香妃身穿三件壽衣：繡杏黃緞綿蟒袍一件、緙絲八團雲水褂一件、桃紅緞錦衫衣一件。同時，還隨葬兩套壽衣和大量奇珍異寶。

詭異的「陀羅尼經被」

陀羅尼經有很多種，它是密宗（大乘佛教的一個支派）佛教的一種經咒。僅以《大悲心陀羅尼經》為例。誦讀此經者，會得十大利益：除一切病、延年益壽、常得富饒、滅一

▲ 溫僖貴妃的壽衣。

切惡業重罪、增長一切功德、遠離一切恐怖、成就一切善根等。還有常誦此經，十五種惡死的情況都不會發生：不飢餓而死、不杖刑而死、不被仇家殺死、不在陣前而死、不被虎狼而死、不被蠍蛇而死、不為水火而死、不為疾病而死、不為毒藥而死等。

以陀羅尼經為內容的被子稱為陀羅尼經被，這種被子非常詭異，據說它有很神奇的功用。概括起來有幾種：

一、鎮宅。由於陀羅尼經的廣大神通，陀羅尼經被若掛在宅子裡，通常認為具有鎮宅功用，能夠驅除邪惡，百惡不侵。

二、送福。陀羅尼經被如果蓋在活著的人身上，將會為他帶來福音，可以保一生平安，延年益壽，不受罪惡侵擾。

三、超渡。陀羅尼經被的最大用途，同

時也是被古今認可的用途，是覆蓋逝者的屍體。古人認為，一旦這種經被覆蓋身體，就會很快承受佛的力量，能夠**馬上化罪孽為吉祥，轉罪孽為功德**，遠離一切痛苦，迅速通往西方極樂世界，或轉入人間富貴，總之，可以超渡逝者，一切向好。

陀羅尼經被在清朝被廣泛利用。但並不是每個人都有資格或敢使用陀羅尼經被。清朝規定，陀羅尼經被要奉旨使用，**沒有皇帝的命令，誰也不准隨意使用這種神奇的經被**。這就難怪到目前為止，我們發現的或出土的陀羅尼經被非常稀少。

二〇〇八年，北京迎春拍賣會上，拍出了一件乾隆帝的陀羅尼經被。這件緙絲陀羅尼經被長兩公尺，

▲ 慈禧的陀羅尼經被局部照片。她也知道自己造孽不少，需要蓋這被子。

寬一・三八公尺，呈古銅色，用細羊毛撚絲製成。工藝採用雙面緙。緙絲代表了中國絲織工藝的頂峰，而雙面緙又是緙絲中的極品。這件陀羅尼經被上共有四種文字，主體是一座佛塔，塔內緙滿梵文陀羅尼經經文，塔周圍有精美繁複的花紋。這件陀羅尼經被上標有「左肩」、「右肩」、「左腳掌」、「右腳掌」的字樣，顯然是為死者量身打造。

最終，這件珍貴的經被**以六千五百五十萬元人民幣高價拍出**。大家可能覺得很奇怪，這不就是一件絲織品嗎？它真的值這麼多錢嗎？在博物館裡，保存著一件慈禧太后的陀羅尼經被，讓我們走近這件歷經滄桑的文物，揭開陀羅尼經被的神祕面紗。

慈禧的陀羅尼經被尺寸很大，是迄今為止發現最大的陀羅尼經被。它寬二・七四公尺，長二・八公尺，基本上呈正方形。這件經被是江寧織造進奉給慈禧太后的，是真絲加真金撚線，明黃色緞。由於幅面寬大，織工複雜，需要五個熟練織錦工人同時操作，歷經數年方可完成。這件經被有很多神奇之處：

一、上面綴有大量東珠。東珠乃珍貴之物，在清代不許民間使用。這件經被上面的東珠居然多達八百二十顆，華光閃閃，估值十六萬兩白銀。

二、上面織有大量漢字。一般來說，陀羅尼經被上面的文字，不用漢字，都用梵文書寫。**而慈禧的經被都用漢文，世所罕見**。我們統計，這些文字的數量非常巨大，達到了兩萬五千個。

三、採用織工繡字。一般陀羅尼經被上面的經文，都是採用朱砂印文的形式，從來沒有採用織工繡字的形式。大家知道，印文相對容易，而織繡文字就複雜且麻煩多了，況且，織繡的不是梵文，而是方方正正的漢字，更加複雜，稍不注意，就會把文字織變形。

四、超越規制的十二章。十二章紋，是中國帝制時代的服飾等級標誌，一般來說，只有帝王的服飾上面，才會出現完整的十二章紋飾。繪繡有章紋的禮服稱為「袞服」。慈禧雖然不是帝王，可是她的陀羅尼經被上面，卻有完整的十二章紋飾。

就是這件彌足珍貴的陀羅尼經被，在慈禧去世後，被覆蓋在她身上，意圖幫助慈禧超渡，使其盡快進入西方極樂世界。可是，在一九二八年七月，流氓軍閥孫殿英挖開慈禧地宮，毀棺揚屍，至於這件彌足珍貴的經被，**兵匪「只」拆走了全部的八百二十顆東珠，絲織品被隨手扔掉。幸虧他們不識貨，把這件精品留了下來。**（存放於清東陵）

為逝者壓舌，祝福其黃泉路順利

「壓住舌頭」，簡稱「壓舌」。什麼叫「壓舌」？就是為死人準備一些物件，等到去世之時，**塞進嘴裡，把舌頭壓住。這是中國古代一種普遍的喪葬風俗**。

大家可能覺得奇怪，人去世後，為什麼要把舌頭壓住？原因有三：

一是壓住舌頭，免得死者到另外一個世界惹口舌之災。正因「舌頭是萬惡之源」，古人認為把舌頭壓住就好了。

二是不讓死者做餓死鬼，晚輩為了孝敬逝者，將物品塞進死者的嘴裡，免得死者在黃泉路上太過飢餓。所以，壓舌也叫「飯含」，就是讓死者吃飯。

三是在嘴裡含上珠玉等珍貴之物，可以起到防腐的作用，古人認為，人體有七漏：鼻子二、耳朵二、嘴一、生殖一、肛門一，人去世後，都要塞上，可以使之不腐爛。

在中國古代，上自皇帝，下到黎民百姓，去世後都要壓舌。東北關外的滿洲平民死後，多含乾隆錢，貴族、官吏則含珠玉、金木屑、金銀屑、銀屑等。清代皇族則根據等級、地位而有區別。難怪雍正九年九月，雍正帝在中宮皇后烏喇那拉氏咽氣前，匆忙下旨，要前去為皇后壓舌，可是遭到王公大臣的一致反對。雍正帝很生氣，說道：「我一定要去，我和皇后在一起生活四十多年了，感情至深，我一定要送她最後一程。」一位王公大臣中說道：「即使如此，皇上您也不能去。」雍正帝怒道：「為什麼？你說！」回答道：「這人在咽氣之前，最後一口氣是她一生中最齷齪的，活人最忌諱噴到身上。皇上，您前去壓舌，這最後一口氣如果噴到您身上，那可就麻煩了。」雍正帝非常迷信，即使他和皇后的感情很深，一旦涉及了切身利益，也會望而卻步。他果然聽從了勸告，沒有前去

▲ 乾隆帝壓舌玉蟬。

壓舌。

另外還有關於乾隆帝壓舌的故事：乾隆帝去世後，他口中放了一個特殊的壓舌，那就是知了（蟬）。這個知了用漢玉片琢成，線條流暢、簡潔大方。**他為什麼用知了壓舌？原因有二：**一是知了冬季蛻皮，寓意金蟬脫殼，具有靈活多樣的應變能力；同時，也寓意輪迴轉世，正好迎合了皇帝的心理訴求。二是知了也叫蟬，而「蟬」和「禪」同音，暗喻佛教。乾隆皇帝篤信佛教，難怪他要用玉蟬壓舌。

慈禧則是以一顆大大的夜明珠壓舌。一九二八年，孫殿英盜掘慈禧陵，有段文字描寫道：「她的口中含有一顆很大的夜明珠，這顆珠子分開是兩塊，合攏就是一個圓球，分開時透明無光，合起來則透出一道綠色的寒光，夜間在百步之內可照見髮絲。」這段描述，足見這顆夜明珠的價值。為了取出這顆珍貴的夜明珠，盜陵兵匪大費周章。他們想掰開慈禧的嘴，但死人牙關緊閉，就是不開口。他們把慈禧倒掛，大頭朝下、拍打身體，還是不吐出來。焦急萬分的兵匪惱羞成怒，便在慈禧的臉部刺了一刀，在刀口處取出夜明珠。盜案發生後，全國譁然，民國政府追究盜陵犯，東陵大盜孫殿英為了擺脫麻煩，將價值連城的夜明珠送給蔣夫人宋美齡，因為是兩瓣的珠子，宋美齡把它綴在拖鞋上。

神祕的「鎮墓」，慈禧投放六批珍寶

清宮中的那些主子們，生前要做一件非常重要的事情，這是為自己做的，但這件事不能大張旗鼓去做，**要親自、祕密的去做**，是什麼事？就是**到自己陵寢中去鎮墓**。什麼叫鎮墓？就是向陵寢中的金井中，投放鎮墓珍寶，目的是防止陵寢將來被人盜掘。這件事只有那些有權有勢的人才能夠做到。我以慈禧太后為例，說明她是怎麼去鎮墓。

我先解釋一下金井，金井的直徑大概十五公分，深度是一百五十公分左右。這個金井是豎向井，是慈禧棺材壓住的地方。這個地方之所以被稱為金井，是因為它至關重要，可以溝通陰陽，具有深不可測的作用，宛如有黃金一般的價值。為了防止將來陵墓被盜，慈禧在裡面投放一些珍寶，作為鎮墓之用，以防不測。

慈禧生前共向她的金井投放了六批珍寶，而且是親自祕密前往投放，這樣她才放心。一份重要資料《菩陀峪金井安放賬》中記載：

第一次是光緒五年清明節，慈禧親臨金井投寶。這年她四十五歲，清明節這天她把自己的兒子安葬在惠陵，心情十分煩亂，於是想起了自己的陵寢，親自向金井中投放了一批珍寶——一副金鐲子和一副綠玉珮。

第二次是光緒十二年清明節，慈禧親臨金井投寶。她太鬱悶了，十六歲的光緒帝就要親政了，所以，她再次在清明節這天親自向她的金井投放珍寶。

第三次是在光緒十六年清明節，慈禧親臨金井投寶。這一年實在是太特別了。一是光緒帝剛舉行了親政典禮，慈禧危機感頓生。更重要的是一直對自己忠心耿耿的醇親王奕譞在光緒十六年病死了，他不僅是光緒帝的父親，還是自己的親妹夫。慈禧煩死了，又想起自己的金井，於是，在清明節這天親自前往金井投寶。

這批寶物之中有一件不同尋常，可說是慈禧最喜愛的寶貝。究竟是什麼？資料記載，此為正珠手環，共十八顆大珍珠，小正珠四顆，上面附有各式寶石，像是紅碧璽、綠玉、珊瑚、茄珠等，慈禧一直戴在手腕上。慈禧忍痛把這件寶貝摘下來投放在金井裡面，可是下了一番決心。但這件寶貝，在八年後，即光緒二十四年，竟被慈禧命人拿出來。自此之後，慈禧居然十二年沒有再向自己的金井中投寶，究竟是為什麼？

兩個原因：一是這段時間是她與光緒帝較量的關鍵時間。光緒帝不斷改革，令慈禧十分不安，形成了帝黨和后黨之爭，最終自然是慈禧勝利，戊戌變法被扼殺了。後來，又經歷了一次慈禧最艱難的西逃之旅。之後，慈禧又想廢掉光緒帝，立另一個大阿哥，一直很忙碌。二是她的陵寢正在重新修建，那裡是繁雜的工地。

第四次是光緒二十八年清明節，慈禧親臨金井投寶。已經六十八歲的慈禧想起她的金井，這一次，是她最後一次來到自己的陵寢，對慈禧來講意義不同尋常。自光緒二十一年慈禧陵重修開始，她還沒有來過，雖然此時工程還沒有結束，但她也想看看陵寢到底建成什麼樣子。視察完工程後，慈禧走向她的地宮金井，又一次向其中投寶。

第五次是光緒三十四年十月十二日，慈禧死前十天，慈禧派慶親王奕劻到金井投寶。慈禧過完她的七十四歲生日，一直拉肚子。她對將來後事怎麼安排？趕緊關注金井，如果再晚就真的來不及了。十月十二日，慈禧去世前十天，她特地命人去向金井投放了十件寶貝，這個人就是奕劻。實際上，慈禧這次使用了調虎離山計，把狡猾的奕劻調出了京城。

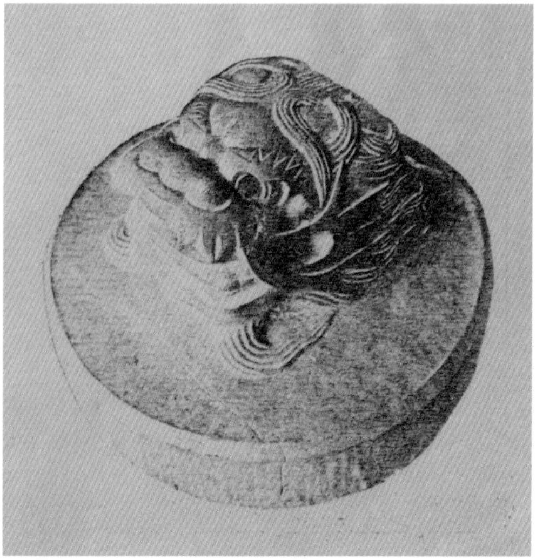

▲ 金井蓋。金井的直徑大約 15 公分，深度約 150 公分。

因為慈禧預感自己將不久人世，山雨欲來，趕緊把奕劻這隻老虎調離京城，免得這個時候奕劻興風作浪，促使大權旁落。《清代通史》記載：「或曰，有意出之。」說的就是這件事。

第六次是光緒三十四年十月十五日，慈禧死前七天，慈禧又派出內務府大臣到東陵向金井投放珍寶。**第五次和第六次投放的寶物，幾乎都是佛珠和佛像，把小小的金井給塞滿**

了。慈禧這才放心，因為這些珍寶都是自己精挑細選的。用這些寶貝鎮墓，將來陵寢就不會被人盜掘。

但令人意想不到的事情發生了，慈禧苦心向金井投放的珍寶，居然有兩次被拿了出來。一次是在光緒二十四年，慈禧派人拿走於光緒十六年投放的正珠手環，是叫內務府的人來東陵拿走的，行動很神祕。據說，後來慈禧在接見外國公使夫人時亮出了這件寶貝，華光閃閃，旁人都看呆了。

另一次是在宣統元年，就在慈禧棺材入葬地宮之前，居然有人從金井之中拿走了所有珍寶。這件事真是太奇怪了，因為這些寶物就是慈禧用來鎮墓防止將來被盜，而且不要說慈禧，其他妃子墓金井內的寶物，也不許拿出來。究竟是誰這麼大膽，竟敢拿出慈禧金井內的寶物？

清宮資料《孝欽顯皇后升遐記事檔》明確記載「宣統元年十月初四辰初，載瀛（音同「營」）恭收金井內陳設」，也就是說，**載瀛拿走慈禧生前六次，向金井中投放的全部珍寶**。載瀛是一個宗室貝勒，擅長書畫，他是奉了誰的命令？一九八〇年六月十五日，清西陵清理光緒崇陵地宮金井時，金井中的珍寶就全部都在裡面。可見，金井之中的珍寶是不能動的。但慈禧金井中的珍寶為什麼被人拿出來？這至今還是一個未解之謎。躺在棺材之中的慈禧，一定會十分在意這件事，自己苦心安排的六批金井中的珍寶被人拿走了，沒有了鎮墓之寶，自己還安全嗎？

4 帝的葬禮怎安排，讓人想把他挖出來

皇帝、后妃去世後，屍體連同珍寶被裝進棺材。之後，這個棺材就成為眾人矚目的焦點。先停靈在紫禁城，之後出殯。出殯是到陵寢，再擇期下葬。皇家的棺材停靈待葬期間的繁文縟節，令人眼花撩亂。人們都盼望著趕緊下葬，不然實在是太麻煩，也太費神了。

「停不起」的靈柩

皇帝去世後，不會馬上下葬，而是要停靈在不同的地方，供人們行禮。

一、**在正殿停靈**。停棺於正殿的主要目的，是方便皇家祭奠大行皇帝。嗣帝就主喪位，縞素；皇后、妃嬪、宮人、皇子、公主、皇孫、福晉及近支王公等於几筵殿內，行殮奠禮。殿外，諸王公福晉、夫人、郡主、縣君以上於丹墀（屋前沒有屋簷覆蓋的平臺）

右，三品淑人以下於隆宗門外，齊集哭臨。百官中，旗員居闕左門外，漢員於各官署行禮致喪。行禮的儀式繁雜，朝晡（黃昏）、日中三設奠。朝晡進羹飯餚饌，午奠進饌筵，就好比皇帝還活著一樣，進行侍奉。此外，要選擇日期行殷奠禮。大行梓宮停靈於乾清宮的時間長短不一，這根據具體情況而定：世祖二十五天、聖祖二十天、世宗十八天、高宗二十天、仁宗十八天、宣宗十八天、文宗十一天、穆宗十七天、德宗十一天。

二、**小出殯**。停靈結束之後，就要起靈，即從梓宮移往殯宮，稱為「小出殯」。小出殯要行啟奠禮。當大行皇帝梓宮由乾清宮移往殯宮時，嗣帝要恭送，但各朝情況不一。聖祖送世祖時，由於孝莊文皇后的關照，聖祖只出東華門，便由另道乘轎前往壽皇殿等候。世宗送聖祖時，世宗步送到景山壽皇殿，這一步送制度，為以後歷代帝王所效法。高宗送世宗時，扶棺步行至雍和宮，為清帝送靈最遠者。仁宗送高宗、宣宗送仁宗，均步行到觀德殿。文宗送宣宗時，因路途較遠——殯宮設在圓明園，更由於文宗有腿疾，文宗便步送到地安門外，乘輿由另道前往圓明園大宮門外跪迎。穆宗送文宗時，小皇帝只有六歲，自然效法康熙帝，扶棺步送出東華門，由另道乘輿預往殯宮等候。

梓宮在移送的過程中頗費人力。世祖、聖祖、世宗時，大駕鹵簿（東亞漢字文化圈君主專用的儀衛用器具）前導，高宗以後為法駕鹵簿。鹵簿可以說是梓宮出殯時的龐大儀仗隊，由於內容眾多，在此不再贅述。鹵簿之後為丹旐（音同「肇」），喪家用來題死者名銜的銘旌），世宗以後以引幡代名。舁（音同「拿」）旐、幡的人分為六班，每班三十二人，由部院官、內務府官各四人，共八人管轄。旒、幡之後為梓宮，梓宮的抬運是關鍵，首先要講究排場，但又因受條件的限制，如果用人太多，出門過橋則擺布不開，因而要預設大輿和小輿。在京城之內，大輿八十人，小輿三十二人。由乾清宮到景山分為六班，每班八十人。這些抬棺之人，首末班用鑾儀衛、校尉，以示莊重齊整；其他班次之人，從五城之內選用健壯的青年民夫，發給衣和鞋，令其洗澡，衣服用紅繡團花，頭戴插黃翎氈帽，稱為遜衣或駕衣。梓宮所過門或橋，都要祭酒，焚香錢。在殯宮大門外，還要預設鷹和狗，這可能與滿洲早期習俗有關，帶有滿洲特色。

三、**在殯宮停靈**。清帝的梓宮停留在殯宮，時間長短不一。世祖兩年兩個月，聖祖近四個月，世宗一個月，高宗六個多月，仁

▲ 慈禧太后出殯。

宗六個月，宣宗十個半月，文宗一年，穆宗十個半月，德宗四個半月。也可以這麼想：梓宮在殯宮停放時間越長，嗣帝去行禮上香的機會就越多，盡孝的次數也就越多。可是，梓宮不能無限期的停留在殯宮，當陵寢工程完畢之後，欽天監就要擇日選時，而清廷就要安排出殯日期了，稱為「大出殯」。

四、**大出殯**。梓宮出殯前，要做好充分的準備，首先要準備好三十二人小輿及八十人大輿、一百二十八人大升輿。然後要選用抬棺的匠役——從京畿選用。由世宗到清末，共選用七千九百二十人為抬棺夫役。這些年輕的夫役一旦被選中，要發衣、鞋、帽，並給予銀兩。

數百里的送殯路程，恭送人員是十分辛苦的。所以世祖出殯時，王公大臣引用古禮，阻止玄燁親送寶宮（骨灰罈），當時的孝莊文皇后也極力阻止，玄燁因此未能親送寶宮至陵。自世宗開始，清帝打破了這一制度，均能親送梓宮至陵。可是同治年間，咸豐帝出殯時，兩宮太后接受了王公大臣的奏請，以同治帝年幼為由，引用古禮，阻止了同治帝親送梓宮到東陵隆福寺，兩宮太后及同治帝均在東直門外向咸豐帝梓宮辭行。然而，光緒年間，穆宗帝后梓宮出殯，兩宮太后卻未接受王公大臣的請求。年幼的光緒帝被迫親送，備受勞頓之苦。

出殯時，由於恭送人員眾多，身分不同有不同的道路，稱為御路。凡御路所經，**無論什麼建築都要拆除**，黃土鋪墊，以備應用。梓宮所走路線為一條，人員眾多，路寬而平坦；然而在梓宮啟行後，皇帝走另一條路，提前到蘆殿等候，一旦靈駕到來，要跪迎；皇太后、皇后等女眷，要在靈駕啟行後瞻望，待靈駕走遠，隨後而行。

關於鹵簿儀仗，出殯時備有兩種：一為法駕鹵簿，一為騎駕鹵簿。法駕鹵簿使用於京城內停棺之所，以及殯宮、蘆殿、暫安處、陵寢大紅門內、陵寢隆恩殿前。也就是靈駕停駐時，要設法駕鹵簿。騎駕鹵簿設於送殯隊伍的前方，有起自京城內的，也有設在第一站蘆殿後的，總之，是靈駕在行走過程中的鹵簿。

法駕鹵簿在使用後要交歸陵寢大臣妥為保管，遇有大事時，在陵寢內使用。騎駕鹵簿在靈駕到後第二日的饗奠禮後，隨同楮錢（冥紙）與冠服一同焚化。從京師到東陵、西陵，一般分作五程，每程一個蘆殿，日暮以後，停棺其中，凡遇雨也停駐在此，或臨時紮搭罩棚。

蘆殿，稱黃布城、黃幔城、黃網城等。靈駕到時，陳鹵簿於門前，皇帝率王公大臣，跪於北門外，靈駕由北門進，奉靈駕於殿內正中，陳冊寶於左右案上，行夕奠禮。早上行朝奠禮後，皇帝跪送靈駕啟行。靈駕所過御路，兩邊百里內文武大臣，預先跪迎於路右百步外，候靈駕過，隨至宿次，在黃幔城外行三跪九叩大禮。夕奠禮時，文官在正藍旗末，武官在鑲藍旗末。靈駕過門橋時，要派內大臣兩人輪流祭酒，焚楮錢。

五、**在陵寢停靈**。靈駕到東陵、西陵，其梓宮並不馬上入葬地宮，要暫時安奉。世祖寶宮安奉於陵寢內蘆殿之中，聖祖、世宗、高宗、仁宗、宣宗安奉於陵寢隆恩殿正中，文宗、穆宗安奉於隆福寺殯殿正中。安奉時間長短不一，多者數年，少者僅幾天，如高宗十天、仁宗七天，而穆宗梓宮則安放多達近五年的時間。

實在是太麻煩了，經過這麼一番折騰，才下葬到地宮之中，人們早就精疲力竭了。

屈死的冤魂

烏喇那拉皇后，是乾隆帝的第二位皇后。她生育了三個子女，經常跟隨乾隆帝出去遊山玩水。在乾隆三十年那次出遊時，發生了有名的「剪髮」事件，結果烏喇那拉皇后命運急轉直下，被打入冷宮。此事件在前文有詳細敘述。

烏喇那拉皇后被打入冷宮後，次年就死了。乾隆帝下令大大降低那拉皇后的喪葬規格——依照皇貴妃例行，這就**由皇后的國喪，原應由禮部承辦，降為家喪，改由內務府承辦**。國喪要公布天下，全國服喪，而家喪則只局限在皇宮之內。

一、**出殯抬棺，場面極為冷清**。皇后出殯是有規定的，雖然即使降為皇貴妃之禮，其場面也應該很隆重。因為《大清會典》記載，皇貴妃出殯抬棺杠夫用九十六人夾杠。而資料記載那拉皇后金棺出殯，「運送金棺雇夫六十四人，每名銀四分，共銀二兩五錢六分」。查《大清會典》，用六十四人杠夫舁棺的等級為貴人。那拉皇后的喪事從製棺、出殯到下葬，共銷銀兩百零七兩，還不及皇后大喪時焚化的紙錁銀兩，真是冷清至極。

二、**不許進入裕陵地宮**。向例，崩於皇帝大喪前的皇后，都按制葬入帝陵地宮，這是清陵一條不成文的規定。康熙景陵就陪葬有孝誠、孝昭、孝懿、孝恭四位皇后，而乾隆陵寢地宮之中，已將孝賢皇后葬入其中，還祔葬（合葬）了慧賢、哲憫、淑嘉三位皇貴妃。身分尊貴的那拉皇后理應葬於裕陵地宮之中，可是，餘怒未消的乾隆帝卻將其摒除於帝陵之外。

三、**不設神牌，不給謚號**。不允許後人祭祀，這是最嚴厲的懲罰，尤其不允許她的親生兒子祭奠她。謚號是對一個人的蓋棺定論，古人非常重視。那拉皇后是清代唯一沒有謚號的皇后。

那拉皇后遭到這樣的宮鬥，冤屈而死；去世之後又遭到這樣不公的待遇，她的靈魂豈能甘心下葬。據東陵老人講，那拉皇后的冤魂經常出沒，到處遊蕩，不肯回到陵寢地宮。

▲ 裕妃園寢——那拉皇后葬地。

為慈禧送行，喪禮比照皇帝

光緒三十四年十月二十二日下午兩點四十五分，慈禧去世。當時，她不在紫禁城裡面，而是在西苑儀鸞殿。趁著屍體還沒有完全僵硬，隆裕太后（光緒的皇后，太后是宣統叫的）下令為慈禧太后舉行小殮。《大行太皇太后升遐記事檔》記載，慈禧小殮的時間是「光緒三十四年十月二十二日申正二刻始，至酉初一刻十分」，也就是慈禧死後五分鐘開始了小殮，持續了五十五分鐘，這還算迅速。先是命人掰開了慈禧的嘴，把一顆大大的夜明珠塞了進去。宮中的女主們死後，是按照等級向嘴中塞珍珠，地位高的當然要塞大珠子，但誰也沒有慈禧的含口昂貴。

壓舌之後，隆裕太后就命人幫慈禧穿上慈禧生前精心準備的壽衣。穿在身上的壽衣有三件：最裡面的是福壽合體衣，上衣為福字衣，褲子是壽字，中間是團

▲ 為慈禧太后主持喪事的隆裕太后。

壽字長袍，最外面是佛字龍袍，頭戴朝冠，足蹬元寶底鞋，脖子上掛滿各式朝珠，珠光寶氣。做完這一切，已經到下午四點半。之後，隆裕太后下了懿旨：「謹比照列聖喪禮，逐款改擬。」也就是說要按照皇帝之禮為慈禧治喪。皇帝喪禮比皇后喪禮規模大很多，慈禧的身分其實還是一位皇后。慈禧恐怕也沒有想到，自己夢寐以求的帝王夢，居然在死後由她的姪女實現。

一是悍然移靈皇極殿。小殮之後就是大殮。什麼叫大殮？就是把死者裝進棺材。隆裕太后命人把慈禧的遺體，用一頂吉祥轎抬出西苑儀鑾殿。要到哪裡去？隆裕太后居然命人抬到皇極殿去大殮。皇極殿不在西苑，是在紫禁城內。隆裕太后在慈禧的喪葬規格上，表現與眾不同，那就是奢華和超越規制——太后在皇極殿大殮、停靈。

這就奇怪了，清朝有規定，太后死後要停靈在慈寧宮，慈寧宮是皇太后在紫禁城內住所的正殿。《清宮述聞》記載：「孝聖崩，奉安於慈寧宮正殿……孝和皇太后崩，奉安於于慈寧宮……康慈皇太后崩，梓宮安慈寧宮正中。」可是慈禧停靈，隆裕太后卻堅持在皇極殿。皇極殿比慈寧宮高級多了，那是乾隆帝當太上皇時養老的地方，規制和皇帝停靈的乾清宮一樣。那麼，隆裕太后怎麼敢用此處，為自己的姑姑作為停靈之所？除了想表達自己的孝心外，原來那是慈禧臨死前的遺囑。《清宮詞》記載：「孝欽訓政四十餘年，遺命在皇極殿治喪。」這個膽大妄為的慈禧太后，臨死居然下了這樣一道旨意，完全按照皇帝的規格安排自己的喪事，難怪隆裕太后要按帝禮治喪。

在皇極殿，隆裕太后命人把慈禧從吉祥轎中抬出來，放到床上。這時候，慈禧生前準備好的大棺材早已停在大殿正中，隆裕太后開始指揮眾人鋪棺，先在棺材底部鋪上一層厚厚的褥子，在上面鋪滿了大珍珠，把慈禧放到珍珠上。然後，把價值連城的珍寶一件件放在慈禧的屍體周圍。有翡翠白菜、翡翠西瓜、碧璽大蓮花、各色寶石的水果等，滿滿一棺。這一切，一直守候在一旁的李蓮英看得一清二楚，默記於心。

記錄慈禧陵中寶物的資料有多個版本，其中一個就是李蓮英口述，他姪子李成武整理的《愛月軒筆記》；另一個就是《清孝欽顯皇后陵寢史料》，其中包含「隨葬物品」、「山陵供奉」、「陵寢陳設」等；還有《清宮述聞》中關於慈禧棺材隨葬物的相關紀錄。可是，這些史料記載有很大的差異，至今爭議很大，但以《愛月軒筆記》最具體。

二是舉辦了一場中西合璧的喪葬禮儀。隆裕太后為姑姑舉辦了一次中西結合的奇怪喪禮。首先，**靈堂使用電燈**。在慈禧的靈堂皇極殿，慈禧停靈期間，為了方便，首次安裝了電燈。其次，具有西方色彩的陪葬品。焚燒用的紙糊陪葬品中不僅出現了花圈，還有身穿西方軍裝的士兵、四匹歐洲品種的高頭大馬，及一輛歐式布魯厄姆車等。最後，允許行具有西方特色的鞠躬禮。行禮隊伍中，出現奇怪的事，那就是有好多外國人位列其中。這些外國的公使們雖然也向慈禧的大棺材行禮，但是級別低的根本進不了大殿，只能在大宮門外朝著慈禧棺材的方向行禮。

在宣統元年九月二十七日慈禧出殯時，早上七點，據檔案《孝欽顯皇后大事檔》記載：「各國大臣等在道旁排班肅立，向孝欽顯皇后梓宮鞠躬致敬。」各國使臣按等級、順序在北新橋東茶棚恭候，待靈柩過來時，按順序向慈禧棺材行鞠躬禮。

最後，日本國為慈禧守制。日本國得知慈禧死亡的消息後，決定**日本皇室上下全為慈禧服喪二十一日**，期間所有進入皇宮的文武官員臂纏黑紗，穿規定的喪服。**這可是前所未有的事**。

三是安排了前所未有的龐大出殯隊伍。宣統元年九月二十七日，慈禧停靈一年之後，正式出殯，整個隊伍真是豪華至極，規模之大，超乎常人想像。走在送葬隊伍最前面的是萬民旗、萬民傘（為頌揚德政而贈送的傘）：有直隸各州縣的萬民傘，恒興、恒源、恒利等商號送的萬民傘，另有慈禧在陝西出逃時收到的萬民傘，總數共計達到三百一十柄。隨後，是慈禧生前使用的儀駕一份七十七件，另有慈禧七十大壽時製作的騎駕鹵簿一份一百二十一件，共計一百九十八件；各種前導樂器四十八件，都作為前導。

儀仗隊後是抬送棺槨的大杠，京城至第一站宿次燕郊，用八十人大杠；從第二站開始用一百二十八人大杠，每日分為六十班，初班、末班都用校尉，其餘用民夫，抬棺人數達七千九百二十人。跟在棺材後邊的是由武裝士兵組成的護送隊伍，不計其數。最後，是由一千四百四十二輛四套大車，和兩百零五輛兩套轎車組成的皇親國戚、文武百官的車隊。浩浩蕩蕩，**綿延達到二十多里**，如一條長長的巨龍一樣，向東陵緩慢前進。

隆裕太后的這些安排，我想就連生性奢靡的慈禧都會大感意外。

5 所作所為空前，結局勢必絕後——大太監們

「蟲蟻」之人是什麼人？就是太監，這是康熙帝說的。康熙帝那麼偉大，對太監卻留下這樣的評價。他認為太監最下賤，一文不值。主要是因為他們「六根不全」，遭到閹割後，喪失了男人的尊嚴。可是，太監也是人，他們為了生計，不得不那麼做，心中的苦楚無人理解。

太監從小為謀生閹割，「勢」必難回家

什麼叫「勢」？古人稱男性生殖器為「勢」。談太監淨身，就是割掉「勢」的過程。

清宮的太監約有三千名，卻不及明朝三分之一。宮裡需要太監，尤其是那些髒活、花費體力的工作，都需要太監來做。

清宮的太監來源多為民間招募。當然也有極少數為戰爭俘獲，或年幼犯罪而施以宮刑。來自直隸（今河北省）的太監最多，如河間、大成、南皮、任丘、青縣、靜海等地，

昌平、大興、平谷、宛平也有一些，大概是近水樓臺。

這些太監通常都是貧窮人家的孩子，不然誰忍心讓孩子閹割當太監？由於貧窮而走投無路，在那個時代，將其「淨身」為太監送進宮去，是出路之一，不然饑荒就會餓死孩子。當太監需要熟人介紹，也有販子，他們以此為生，從中間領取仲介費。

將孩子閹成太監，最晚不可超過十歲，一般五、六歲為最佳時期，這時孩子的身體還沒有發育完全，否則就會有性命之憂。當然，即使是孩子，在那個時代，沒有殺菌或消毒的設備，也沒有抗生素，死亡率還是很高。

讓孩子閹割，這對當事人來說是天大的事，所以需要充分準備：一是立契約。手術人和當事人家長要立字據，生死不論，表明是自願淨身，否則持刀人不會動手。而且還要反覆強調，因為人命關天，還涉及孩子的將來，這種事一點也不能隨便。二是飲食限制。手術前，孩子要被關進一間單獨的房間，三、四天都吃流質食物。三是手術費。**閹割的手術**
費高昂，風險也大，再加上四十多天的護理費，要近百兩銀子，一般人怎麼拿得出這筆費用？這時就得寫借據，等孩子進宮有了收入，再加收利息償還。

做這種手術需要專門的房間，密不透風，就連聲音都傳不出去。房間裡面放了一張床，還有繩子、石灰等物。手術過程很艱辛，要先做好事前準備：一是固定孩子。要先把孩子五花大綁，四肢固定，以防過於疼痛而影響手術。二是塞雞蛋。為了防止孩子手術時大叫，便把一個熟雞蛋塞進孩子的嘴裡。三是在孩子的下部滿鋪石灰，這是為了吸水和消毒。四是最後問話。手術人這個時候就要大聲問話：「你是自願的嗎？後悔嗎？將來斷子絕孫你會恨我嗎？」等之類的話，一定要孩子一一肯定作答，否則不會下手。

持刀人的刀很鋒利，手法純熟、手起刀落，都是這方面的知名專家。例如小刀劉，就是專門以此營生，不然孩子家長不會輕易讓別人做這種手術。手術結束後，善後工作非常關鍵：在孩子私處插上類似導尿管之類的管子，排除體內的分泌物。孩子手術後會昏迷過去，醒來後，只能吃流質食物。這時，孩子需要專人照顧，不能離開手術室，而且孩子不能見風，不然會有性命之憂。**四十多天後手術處結痂脫落、排尿順暢才可以離開**。

手術後，家長必須做一件非常重要的事，就是處理孩子的割下之物。這個割下之物，古人叫做「勢」。這個「勢」可不能扔掉，需要特別保護。一般用香油浸泡，再用油布包裹，包好後，周圍放上石灰，再用紅布包住，然後存放於「升」中，「升」是古代的一種量器。然後，再把升掛在手術人的房梁上，這是對孩子將來幸福生活的期盼，名為「步步高升」、「紅運高照」。表面上看起來是手術人對孩子的尊重，實際上另有目的。

古人有這樣一個觀念：「身體髮膚，受之父母。」人死後，連生前掉落的頭髮和指甲都要保存好，放進棺材之中。所以，孩子為了生計而割下的「勢」，死後也一定要和死者團圓，一起下葬，方為完整無缺。刀匠們就是認定了這一點，強行**把孩子的「勢」掛在自家的房梁上，作為抵押**。

刀匠等太監有錢後，來找他贖「勢」。這個代價很高，沒有個百八十兩是拿不回去的。

所以，只有那些有了閒錢的太監，才有資格贖回自己的「勢」。但是，有幾個太監有幾個會有那種閒錢？大部分的人就放棄了自己的「勢」。那些有錢的太監，會盡快贖回自己的「勢」，他們很重視這件事。一般來說，會敲鑼打鼓的迎回來，再敲鑼打鼓的到父母墳地告知：「爹呀，娘呀，孩兒不孝，把您給我的東西贖回來了。」他們去世後，就鄭重的把「勢」放進棺材，一同下葬。

最勇敢的太監，慷慨就義

現在我要講的這個太監叫寇連才，直隸昌平州人，十五歲入宮，在梳頭房為慈禧梳頭。按照相關資料記載，寇連才很晚入宮，由於家境貧困，十五歲自宮（閹割），經熟人介紹，入宮當了太監。然而，**他的年紀這麼大才進紫禁城，卻能在慈禧身邊，成為慈禧的梳頭房太監，看來很不簡單**。有人說他聰明伶俐、長相俊美、能言善道，能在慈禧身邊行動，代表慈禧很喜歡他，沒有這些特點是辦不到的。

後來，寇連才被指派一個祕密任務，慈禧要他到光緒帝寢宮去侍奉，可見他更加被信任。光緒帝的一舉一動、一言一行，尤其是關於變法等重大事項，都需要這個機靈的小太監一一彙報。

可是，慈禧萬萬沒有想到自己看走眼，這個寇連才不是自己想要的那種人。寇連才在

▲ 慈禧太后坐平底船照片。

和光緒帝的接觸中，發現光緒帝不是昏庸無道，而是一個憂國憂民的好帝王；相反的，自己的大恩人慈禧太后則是賣官鬻爵、生活腐化墮落之人。

有一件事對他的刺激最大，那就是光緒二十年十月二十八日，光緒帝的珍妃遭到慈禧暴打，可憐的光緒帝卻無能為力。寇連才一打聽，才知道是因為珍妃得到皇帝寵愛，皇后吃醋到慈禧那裡去告狀，慈禧藉機懲處了珍妃。宮裡議論紛紛，慈禧下手太重了，珍妃被打得奄奄一息。寇連才感到毛骨悚然，自己崇拜的老佛爺原來這麼狠毒；自己監視的皇帝原來是正直之人。

於是，寇連才的心理慢慢產生變化。這個年僅十八歲的青年只能顰眉蹙額，他的心情極為壓抑，給人感覺好像是著了魔一般，結果真的出事了。

光緒二十二年二月初十，慈禧正準備休息，忽然看見地上跪著一個人，定睛一看是寇連才，還以為他有重要的事報告，說道：「有什麼事明天再說吧。」可是，寇連才就是不起來，反而哭泣不已，只聽他說道：「老佛爺，國家已處在危難關頭，您不為國家社稷著想，也要為自己的後路想想。可是您卻不顧一切，這要出大事的！」慈禧一聽，既驚訝又憤怒，她怒斥道：「滾出去，別在這煩我。」寇連才悻悻而歸。

一個小太監辦這麼大的事，本來就比登天還難，既然已經遭到慈禧痛斥，寇連才應該懸崖勒馬，不然會很危險。可是，他居然要將此事進行到底。

他向光緒帝請了五天假，然後跪別皇帝。光緒帝覺得很奇怪，請假為何這麼隆重？結果，就在這五天裡出大事了。二月十五日，**寇連才居然上了奏摺，裡面有十條建議**：請慈禧把政權交給皇上、請停止宮中演戲、請廢止修建頤和園、請回皇宮辦事、請革李鴻章的職、請與日本打仗等等。最令人驚訝的是最後一條，說皇上至今還沒有生兒子，請仿照古代堯舜的做法，選擇天下最賢德的人，立為皇太子。這個大膽的寇連才，竟然敢上這樣的摺子，這不等於刺激慈禧？

慈禧一看這個摺子，差點沒氣昏，心想我要親自審理這個大膽的小太監，一定有人指使，不然他怎麼懂這個？於是召來寇連才。

問：「誰指使你的？」答：「沒人指使，是我自己想這麼做。」問：「那你背一遍內容，我便信。」寇連才背誦一遍，不差毫釐。問：「你難道不知道太監不許干政嗎？」答：「知道，我是為太后和皇上著想。」答：「好吧，那我就成全你。」慈禧叫苦不迭，心想怎麼會培養了一個忘恩負義的太監，於是，命人綁了寇連才，交給刑部問斬。

第二天，寇連才被押赴菜市口（清代處決犯人的地方），臨行前，他把隨身值錢的東西送給了同事；行刑前，又把一枚碧玉戒指給了劊子手說：「您費心快點吧。」從容赴死，在場的人無不為之落淚。

這個年僅十八歲的小太監就這樣結束了年輕的生命，他是清宮中所有太監中最值得敬佩的人。

史上最囂張太監「小安子」

「小安子」就是安德海，清末宦官，直隸南皮人。他在八、九歲時淨身，約十歲進宮，在咸豐帝身邊當御前太監。由於聰明伶俐、善於奉承，他很快就得到咸豐帝的信任。咸豐帝死後，安德海被慈禧看中，成為慈禧的心腹。

清宮中的太監，要說飛揚跋扈、不懂規矩的，安德海數第一。可能大家覺得有點奇怪，他年紀輕輕，何以如此？大致上有兩個原因：一是立有大功，有專家考證，安德海在辛酉政變中立大功，據說為了讓他出承德行宮，慈禧不得不使用苦肉計，把他打得皮開肉綻，轟出宮去，肩負了到北京與恭親王奕訢穿針引線的作用，終於完成重大使命，為政變成功立下了汗馬功勞。二是慈禧太后的寵愛，**他的級別並不高，是六品藍翎，但慈禧卻把他視為心腹**，於是這個小太監便有了大靠山，膽子也就越來越大。那麼，這個膽大妄為的安德海做了什麼事？

一、**四處樹敵**。安德海由於有慈禧做靠山，誰都不放在眼裡，到處胡作非為。他小瞧皇帝，引起同治帝憤恨；挑撥離間兩宮太后，慈安和慈禧之間的關係本來就非常敏感，安德海不時在旁邊搬弄是非，引起慈安不滿；小瞧恭親王，奕訢正在蒸蒸日上之時，安德海也敢於在慈禧面前說三道四，消息傳出來，心高氣傲的恭親王大為動怒等等，這些當時清宮中的頂級人物，都被安德海一一得罪。

二、**處事張揚**。同治七年冬天，**安德海**居然在北京最大的酒樓——前門外天福堂大酒樓張燈結綵，**大擺酒宴，正式娶徽班唱旦角的十九歲美人、藝名九歲紅的馬賽花為妻**。慈禧太后為了表示寵愛之情，特地賞賜了白銀一千兩、綢緞一百匹。他真是膽大，慈禧也太荒唐了。

三、**違反制度出宮**。同治八年七月初，安德海乘坐兩艘太平樓船，沿著京杭大運河順流南下，奔杭州而去。安德海此次出京，實屬膽大妄為，至少違反了這些宮規：

擅離皇城。早在順治年間順治帝就規定，太監若不是奉旨，不得離開皇城半步。

擅自張掛旗幟。安德海的樓船上懸著兩面大旗，寫著「奉旨欽差，採辦龍袍」八個大字。大旗上又有一面小旗，中間繪有一個太陽，內有一隻三足烏。安德海在船上掛出三足烏旗，無異於公然宣告，為慈禧太后辦差。樓船的兩旁插有若干龍鳳旗幟，隨風飄揚。這些帶有特殊意義的旗幟，安德海也敢張掛，而且太過招搖，真是膽大包天到了極點。

四、**張揚過市**。安德海不僅大肆張揚，而且排場極大：儀衛聲勢壯大、歌女陪伴、女樂成隊，而且還在樓船上大擺筵席，接受左右參拜。

▲ 丁寶楨——敢殺掉慈禧身邊的紅人，他名傳天下。

安德海既然張揚到這種地步，好日子也就到盡頭。當他的樓船經山東地界時，一個叫**丁寶楨的巡撫終於忍無可忍**，命東昌府知府與濟寧州知州等沿途府州縣，將安德海等「一體截拿在案，解省由其親審」，同時於七月二十九日，將此事以四百里奏摺火速上呈慈安皇太后和同治帝。

八月初六，丁寶楨接到由軍機處寄發的密諭，內稱：「該太監擅離遠出，並有種種不法情事，若不從嚴懲處，何以肅宮禁而儆效尤。著丁寶楨迅速派委幹員，於所屬地方將六品藍翎安姓太監嚴密查拿，令隨從人等指證確實，毋庸審訊即行就地正法，不准任其狡飾。如該太監聞風折回直境，即著曾國藩飭屬一體嚴拿正法。倘有疏縱，惟該督撫是問，其隨從人等有跡近匪類者，並著嚴拿分別懲辦，毋庸再行請旨。」八月初七，丁寶楨親自查驗確實後，遵旨將安德海就地正法於濟南。丁寶楨是清末名臣，改革派，相傳宮保雞丁是他在四川的政績之一，他修都江堰讓萬民感戴，二王廟裡也有供奉他。

安德海因為膽大妄為喪失了寶貴的性命，這一年他剛二十五歲。

大總管屹立不搖五十二年，下場卻身首異處

李蓮英原名李進喜，慈禧太后賜名連英，俗作蓮英。他是慈禧太后的總管太監，**陪伴慈禧太后近五十二年**，是清末最有權勢的宦官。

就太監這個行業來講，李蓮英是最成功的。從以下幾點說明：

一是久寵不衰。李蓮英於咸豐六年九歲入宮，到**宣統元年六十一歲離開皇宮**，前後長達五十二年。長達半個多世紀的太監生涯，非常不容易。可以想見，他憑藉機靈的頭腦、如簧的口舌，侍奉喜怒無常的慈禧太后，幾十年久寵不衰是一個奇蹟。

二是封贈最高的品級。光緒二十年，是李蓮英最難忘的一年。這一年他四十六歲，大

權獨攬的**慈禧太后意外的賞給他二品頂戴。這可是破天荒的事情**，因為這是破壞祖制的做法。雍正帝明確規定，宮中太監品級不得超過四品，而李蓮英被封贈二品頂戴，之前從來沒發生過。

三是打不倒的不倒翁。毫無疑問，李蓮英作為一代權奸，很容易遭到朝臣的彈劾，而且，清朝就有專門彈劾朝中權臣的部門。李蓮英雖多次遭到彈劾，但每次都能平安度過。例如，光緒十二年，御史朱一新上書彈劾李蓮英，說李蓮英妄自尊大，結交地方官員，收受賄賂，理當查證。慈禧馬上命人查證，結果查無實證，朱一新反被降級處理。

再如，光緒二十年甲午戰敗，朝野內外一片譁然。御史們紛紛上書彈劾李鴻章和他的北洋海軍。其中，福建道監察御史安維峻的奏摺中有「**和議出自皇太后，李蓮英實左右之**」，說對日本的決策看起來是皇太后決定的，實際已被李蓮英左右。這句話成為人們抨擊李蓮英干預朝政的證據。當然，在慈禧的高壓之下，李蓮英得以保全，安維峻被革職充軍。

儘管如此，李蓮英的下場並不好，最終是身首異處，腦袋被人砍掉了。李蓮英是宣統三年去世的，葬於阜成門外海淀區八里莊西二里的恩濟莊關帝廟北邊李公祠，照理來說沒什麼問題，可是**文革期間他的墓地被挖開，打開棺材後發現只有一顆頭顱和一條長辮子**。專家們的考證眾說紛紜。

一說是被隆裕太后處死的。說是把他處死後，還奪回了慈禧平日賞賜的大量珍寶，這恐怕不符合史實。

有人說李蓮英被人暗殺。這個人就是袁世凱的心腹，九門提督江朝宗。江朝宗寄給李蓮英一張請柬，邀請李蓮英在什剎海會賢堂吃飯。面對這張非同小可的請帖，李蓮英猶豫不定。權衡半天，李蓮英最後決定準時赴宴。不過，他萬萬沒料到在回家的路上，被人殺死。事後，其家人在後海找到了李蓮英的頭顱，身軀卻不知下落。

▲ 慈禧太后的總管太監——李蓮英。

又有一種說法是被江洋大盜所殺。說李蓮英趕赴山東討債，結果在山東與河北交界處，被江洋大盜所殺。家人在那裡只找到了他的頭顱，卻不見身體。

也有人說被革命黨人所殺。革命黨人認為，李蓮英和慈禧太后屬同一陣線，等他被迫出宮後，革命黨人伺機殺害了他。

還有一說是說李蓮英是病死的。這是他的過繼孫女李樂正的說法，說他在一九一一年得了痢疾，腹瀉不止，突然去世。

這個烜赫一時的權監，死因種種，真假難辨。

6 誰說宮女出身低？大多原是大小姐

清宮的宮女也是透過選秀女進入宮廷，不過她們**不是由戶部選擇，而是由內務府管理**。這些女人出身卑微，一進宮就抬不起頭來，因為她們是來侍奉人的。宮女們進宮後，侍奉那些高傲的后妃們，成為宮中奴婢。后妃們不如意時，會拿她們出氣；帝王寂寞時，會招惹她們。這些女人們心裡不知有多苦，她們會逃跑、會自殺，有的也會利用皇帝好色之心勾引皇帝，借此改變自己悲苦的命運。

戴枷鎖的宮女，與后妃有天壤之別

什麼是宮女？現在好多人對這個概念不是很清楚，認為清宮那些女子中，除了后妃嬪御之外都是宮女。清朝的宮女有自己的特色，在清宮中不可或缺。

修正兩個容易對宮女產生的誤會：一是清宮中誰都可以使用宮女。我們看到一些電視劇中，皇帝身邊有很多年輕漂亮的宮女，甚至和皇帝產生感情糾葛。我們還看到乾隆帝的一些行樂圖中有宮女陪伴左右。照理來說這些圖都是清朝宮廷畫師畫的，應該是真的。實際上，查閱了一些清宮的資料後，並沒有發現皇帝使用年輕宮女的紀錄。

二是宮女的出身。大家認為，宮女是伺候人的下人，她們一定都是最低下的奴才出身。但雍正七年的一份上諭上寫道：「嗣後凡**挑選使令女子**，在皇后、妃嬪、貴人宮內者，官員世家之女尚可挑入；如遇貴人以下挑選女子，不可挑入官員世家之女。」從雍正帝這個上諭中可清楚的看出，後宮中，貴人以上的宮中女主必須使用官員人家之女，這些**宮女也都是大小姐**；而只有那些身分為常在、答應的人，才使用低賤出身的宮女。

儘管如此，我們還是很難分清誰是宮女，誰是皇帝的秀女。這兩種人在以下兩點很接近：一是年齡。凡是年滿十三歲的旗人之女，要參加每年一次的選宮女活動。這些女孩子的年齡，和皇帝選老婆的秀女年齡基本上一樣。**宮女在宮中服役十年後才可以嫁人**，但十年後已年近三十，那個年代還嫁得出去嗎？二是皇帝要親自選看。**宮女不照料皇帝，為何要親自看**？很明顯，這些好色的皇帝別有用心，他們極想有意外的收穫。在選看的過程中，那些入眼的女子，最終會落入皇帝的手裡。

不管怎麼樣，宮女在清宮中都是最低下的一群，她們是侍奉宮中女主的奴僕階層。所以在宮中，宮女們的規矩非常多，就像枷鎖一樣。

一、**行動不自由**。毫無疑問，宮女的行動受到嚴格限制，只要遇到男人出現，宮女們必須迴避，不許出現。而且，宮女們在宮裡不許大聲喧嘩，說話要輕聲細語。不僅如此，**宮女連自殺的權利都沒有**。宮中規定，凡是用刀子自殺的，斬立決；自殺被救活的，要發配邊疆伊犁給兵丁為奴；凡是自殺身死的，要拋屍荒野，親屬發配伊犁給兵丁為奴。

二、**吃飯不自由**。宮規明確規定，宮女們不許亂吃東西，有的食物即使特別想吃也不行。例如，魚、蝦、韭菜、蔥、蒜等這些會產生氣味的東西，一律不准吃。這主要是怕侍奉主子時，吐出的氣息驚擾了主子。夏天時宮裡會有大量西瓜，可是宮女們不許吃，怕她們吃了壞肚子，耽誤正事。但宮女們侍奉主子時，經常看到餐桌上有這些佳餚，心裡有多難受。

三、**交朋友不自由**。小姑娘進入宮廷，做著枯燥無味的工作，會非常寂寞，難免想交一些朋友，尤其會結交太監當朋友，好有個照應。可是，清宮對此嚴令禁止。康熙帝規定，如果太監和宮女結交朋友，將嚴懲不貸；咸豐帝更是具體規定，一旦發現，將在被暴打後驅逐出去，家屬還會被發配伊犁為奴。

這些枷鎖束縛著她們，使她們與高高在上的后妃們有天壤之別，她們真的不願意進入這宛如地獄一樣的皇宮。

「出身」成為原罪，自己翻身但兒子甭想

生活在深宮中的宮女，每天侍奉主子們，心裡也會產生夢想：什麼時候自己也有這樣的機會？坐在寶座之上呼奴使婢，享盡人生快樂。所以，她們經常幻想有一天能實現這些夢想，儘管這很難。那麼，**宮女有成功轉型的例子嗎**？還真有，康熙帝、乾隆帝和道光帝的後宮均有成功的實例。

- **康熙帝的宮女（良妃）**：

一個辛者庫（管領下食口糧人，從事粗活）小官員的女兒，姓衛，進宮成為宮女。這個女人非常漂亮，而且唾液生香，所以吸引了康熙帝。康熙帝很快召幸這個女人，並且讓她懷了孕。康熙二十年生下了皇八子胤禩，康熙帝一時高興萬分。

▲ 宮女。多半是官員之女，也算大小姐，卻進宮為僕。

可是，宮女的出身成為揮之不去的標籤，不管多麼努力，也很難改變皇帝對出身低下者的成見。當良妃的兒子和其他皇子一樣競爭太子之位時，康熙帝無情的挖苦他們母子道：「你乃辛者庫罪籍出身，有什麼資格成為太子？」最後，良妃戴著這個罪惡的標籤，淒慘離開人世。

• **乾隆帝的宮女（哲妃）**：乾隆帝還是皇子時，有一個清秀溫柔的宮女被派來侍奉他的起居。這個宮女就是富察氏，佐領翁果圖之女。正在青春期的弘曆一下子被這個女子的氣質所吸引。雖然只是一名宮女，但富察氏善解人意，無微不至的照顧主子，令弘曆如痴似醉的愛上了她。

查閱資料時，這個女人令人留下深刻的印象：第一，她最早生育了乾隆帝的孩子。雍正六年五月二十八日，乾隆帝十七歲那年當上父親，是這個日夜侍奉的宮女富察氏為他生育了大阿哥永璜。雍正九年，富察氏再為他生育了一個公主，就是皇二女。

第二，這個女人的命運不是很好。大家想，弘曆這麼喜歡她，又生那麼多孩子，將來的前途必定不可限量。弘曆還沒有即位，已經對這個女人另眼相看了。而她也已經不是侍奉弘曆的宮女，已成功轉型為側妃。乾隆自己想，將來我有機會即位為帝王，一定善待她。

可是，這個女人命運不好，雍正十三年七月初三，居然一病歸天。離雍正十三年八月二十三日雍正帝去世，相差不到兩個月。就在她去世之後兩個月，深愛她的弘曆即位了，這就是乾隆帝。

當然，乾隆帝也沒有虧待她，為亡妻做了兩件大事：一是**追封為皇貴妃**。乾隆帝一即位，先把這個女人追封為哲妃——雖然她已經去世，但追封為妃子，她的子女和家人也會沾光。乾隆十年，居然再次晉封，由哲妃一躍為皇貴妃。二是葬進裕陵地宮。乾隆十七年十月二十七日，乾隆帝把哲憫皇貴妃葬進裕陵地宮，讓她世世代代陪伴在自己的身旁，這是乾隆帝給予的最大恩賜。可是，不管乾隆帝做了什麼，她宮女出身的標籤一直沒有被摘下來。乾隆十三年，孝賢純皇后去世，**富察氏的兒子永璜企圖競爭太子之位，乾隆帝憤怒的罵他：「想都別想**，你的出身決定了你的前途，不會有這個機會。」永璜鬱鬱寡歡，感覺前途無望，不久病逝，年僅二十二歲。

• **道光帝的宮女（和妃）**：相比之下，道光帝的這個宮女就更加不幸了。因為，道光帝並不愛這個宮女，她的一切榮譽都來得非常被動。先是被動懷孕生子，道光帝很早結婚，在嘉慶元年他剛十三歲時，就已經結婚了。可是，道光帝的婚姻一直籠罩著陰影，因為他總不生育，這可急壞了嘉慶帝。嘉慶帝已經把他祕密立為儲君。要是不生育該怎麼辦？焦急萬分的嘉慶帝等待著，一直等了十三年，道光帝都已經二十六歲了，還是膝下無子。嘉慶帝急得不行，正在這個時候，突然傳來好消息，**道光帝的一名姓那拉氏宮女懷孕了**，並且生下了一個皇子，就是奕緯。嘉慶帝這才鬆了口氣。於是他下旨，將那拉氏**由宮**

女轉為側妃，她在被動中成功轉型。可是，道光帝並不愛那拉氏母子。他不愛這個女人，可能有多方面的原因，其中，宮女出身是最主要的原因。所以，那拉氏的封贈並不高，道光二年封為和嬪，三年封為和妃，之後，她不僅沒有生育，位號也沒有再晉升過。而且，她所生的兒子奕緯還遭到了不公正的待遇：不立儲、不封爵。當奕緯病重之時，道光帝竟然把他一個人扔在圓明園，真是可憐至極。奕緯死時二十三歲，道光的帝位是老四（咸豐）繼承，因為三個哥哥都死了。

咸豐好色，宮女不懼慈禧，勾引皇帝

有宮女敢冒險違背宮中的規矩嗎？這很難說。我在查閱清宮的資料時，還真查到了敢這麼做的宮女。奇怪的是，這些人都是咸豐帝身邊的宮女。

我想，咸豐帝身邊的宮女如此大膽，應該是兩個因素造成的：一是咸豐帝怯懦的性格，咸豐帝的性格柔弱且善良，所以，他身邊的人極容易冒險，即使違反宮規，也會渴望咸豐帝能夠原諒她們；二是咸豐帝好色的性格，會造成宮女們冒險犯錯，資料記載咸豐帝經常「**以醇酒和婦人自戕**」，宮女們在他面前晃來晃去，一定會生出很多是非來。舉幾個例子，來說說咸豐帝身邊那些敢冒險的女人們。

•徐佳氏：徐佳氏的父親是一個低級的小官領催，長相非常漂亮的徐佳氏很快吸引了好色的咸豐帝，被封為玫貴人。她慶幸自己的運氣和長相，於是迷失自我，開始恣意妄為。大家可能想問，她一個宮女出身，地位低下，難道還敢破壞規矩？

她敢：一是敢於凌辱、虐待宮女。清宮早有宮規，主位之人不許虐待宮女，徐佳氏剛由宮女轉為貴人就忘本了，居然敢凌辱、虐待宮女，嚴重違背了宮中規矩。二是與太監孫來福眉來眼去，十分輕浮，這又嚴重違反了宮中規矩。這個徐佳氏竟然敢於如此倡狂，咸豐帝再善良也忍無可忍，下旨嚴懲，把她由貴人降為常在，接著又降為宮女子。

▲ 和妃轉型成功，卻未必幸福。

▲ 玫貴妃，清宮中升升降降的特例。

第4章：江山多嬌，人人競折腰。我寫歷史，你們等著瞧

不過，咸豐帝很善良，最終還是原諒了徐佳氏，一年後，又把她冊封為常在，咸豐八年居然還生了一個小皇子，可惜生下來就夭折了。儘管如此，這個大膽的徐佳氏，總算脫離了宮女的悲苦地位，一步步走向更高的女主地位。

● 「四春」娘娘：「四春」是誰？她們是咸豐帝身邊的四個宮女，即杏花春、牡丹春、海棠春、武陵春。這四個女子，出身卑賤，例如，海棠春的父親常順是個廚子，其他女子還有出身是園戶的，總之都是出身卑賤之人。不過她們長相漂亮。但僅憑這一點，就敢勾引好色的咸豐帝，膽子真是太大了。因為咸豐帝的後宮之中，有兩個人最厲害，鬧不好，「四春」會死無葬身之地。這兩個人是誰？

一個是皇后鈕祜祿氏，也就是後來的慈安皇太后。這個鈕祜祿氏非常厲害，她掌管後宮大權，不只管后妃很嚴，咸豐帝也要懼怕她幾分。例如，有一段時間咸豐帝經常流連在蘭貴人（慈禧太后）那裡不上朝，皇后鈕祜祿氏就拿著家法，強行把咸豐帝弄了出來，蘭貴人還差一點遭到處罰。

另一個就是懿貴妃葉赫那拉氏，即後來的慈禧。電影《垂簾聽政》裡，懿貴妃和麗妃爭寵，後來慈禧當政，狠狠的處置了麗妃。其實，這是虛構的。麗妃沒有和懿貴妃爭寵，而「四春」倒真的和懿貴妃爭寵了。懿貴妃得寵時，咸豐帝迷戀上了「四春」，這可能是因為咸豐帝的好色本性，他整天流連在女人堆裡面。所以，《清宮詞・羊車》中這樣寫道：

「羊車望斷又黃昏，懶卸新妝掩苑門。風逗樂聲歌燕喜，不知誰氏已承恩。」大家都不知道，這個好色的咸豐帝這次在誰的房間裡。「四春」不知道懿貴妃有多厲害，她極富心機，善於弄權，她若認真對抗，「四春」絕對敗在她的手下。

「四春」真的很不怕死，竟然敢在這麼危險的後宮裡面勾引咸豐帝。還好，皇后和懿貴妃並沒有對她們下毒手。這四位都活了下來，最長壽的一直活到光緒三十一年。

國家圖書館出版品預行編目（CIP）資料

大清後宮的神祕日常：戲說歷史不如正說歷史，清史專家從皇帝私生活紀錄、名臣、后妃、宦官目睹口述，解密歷史的最核心處／李寅著
-- 初版, -- 臺北市：大是文化，2018.01
288面；17×23公分. --（TELL；011）
ISBN 978-986-95598-0-5（平裝）

1.宮廷制度　2.清史　3.通俗史話

627　　　　　　　　　　　　106018685

TELL 011

大清後宮的神祕日常

戲說歷史不如正說歷史，清史專家從皇帝私生活紀錄、名臣、后妃、宦官目睹口述，解密歷史的最核心處

作　　者／李　寅
責任編輯／林杰蓉
校對編輯／林妤柔
美術編輯／邱筑萱
主　　編／賀鈺婷
副總編輯／顏惠君
總 編 輯／吳依瑋
發 行 人／徐仲秋
會　　計／林妙燕
版權主任／林螢瑄
版權經理／郝麗珍
行銷企畫／汪家緯
業務助理／馬絮盈、林芝縈
業務經理／林裕安
總 經 理／陳絜吾

出 版 者／大是文化有限公司
臺北市 100 衡陽路 7 號 8 樓
編輯部電話：（02）23757911
購書相關資訊請洽：（02）23757911 分機 121
24 小時讀者服務傳真：（02）23756999
讀者服務 E-mail：haom@ms28.hinet.net
郵政劃撥帳號／19983366　　戶名：大是文化有限公司

香港發行／里人文化事業有限公司 "Anyone Cultural Enterprise Ltd"
地址：香港新界荃灣橫龍街 78 號 正好工業大廈 22 樓 A 室
22/F Block A, Jing Ho Industrial Building, 78 Wang Lung Street,Tsuen Wan, N.T., H.K.
電話：（852）24192288　傳真：（852）24191887
E-mail：anyone@biznetvigator.com

封面設計／林雯瑛
內頁排版／黃淑華
印　　刷／鴻霖印刷傳媒股份有限公司

■ 2018 年 1 月初版
ISBN 978-986-95598-0-5

Printed in Taiwan
定價 360 元
（缺頁或裝訂錯誤的書，請寄回更換）